9/11/08

[illegible]

Art chinois

Musée Cernuschi
acquisitions
1993-2004

Sous la direction de
GILLES BÉGUIN

Textes de
GILLES BÉGUIN
HÉLÈNE CHOLLET
ÉRIC LEFEBVRE

PARIS musées
Éditions Findakly

AVERTISSEMENT

L'introduction et les notices non signées sont de Gilles Béguin. Les notices d'Hélène Chollet sont suivies des initiales H. C ; celles d'Éric Lefebvre, d'É. L.

Les termes chinois sont transcrits en pinyin.

Les termes sanskrits sont translitérés.

La mention cat. renvoie aux numéros du présent catalogue.

Les mesures sont données en mètre.

Les abréviations L., l., H., D., P. indiquent les longueur, largeur, hauteur, diamètre et profondeur de l'objet.

Fidélité et innovation

En 1992, l'exposition *Chine connue et inconnue* présentait au public parisien les acquisitions les plus marquantes du musée Cernuschi des dix années précédentes. La réouverture du musée, après sa rénovation architecturale totale, est aujourd'hui l'occasion de renouveler une semblable publication pour la période 1993-2004.

Les exercices 1993 et 1994, sous la direction de Mlle Marie-Thérèse Bobot, conservateur en chef, furent le prolongement de la décennie précédente, marqués par l'entrée de quelques œuvres rares ou spectaculaires. Je me devais de m'inscrire dans cet héritage. La fidélité à quelques orientations fondamentales constitue en effet la force des institutions patrimoniales. Souvent, leur identité est d'autant plus accusée que leur taille est réduite et en symbiose avec un lieu – en ce qui concerne le musée Cernuschi, le charmant hôtel particulier de son fondateur.

Le catalogue de 1992 comptait cinquante-six numéros sur un total de cent quatre-vingt dix-huit objets entrés de 1982 à 1992. La présente publication conserve ici le même principe : 108 pièces, réparties en 82 notices, sont ici décrites sur un total de 213, les œuvres mineures étant placées en liste à la fin du volume. Comme en 1992, les nouvelles acquisitions couvrent la plupart des époques et des techniques de l'art chinois. La dynastie des Han (206 av. J.-C. – 220 apr. J.-C.) conserve toute la sollicitude des conservateurs et des donateurs. De même, les objets datant des dernières dynasties restent marginaux par leur nombre et par leur qualité.

On note cependant quelques différences d'orientation. Durant la période envisagée, le coût prohibitif des bronzes archaïques a écarté la Ville de Paris d'un domaine fondamental pour l'institution, à l'exception d'une pièce de série, il est vrai de grande perfection (cat. 8). Nous avons eu cependant l'extrême satisfaction de recevoir en don cinq vases antiques (cat. 3 à 7).

Dans d'autres techniques, plusieurs opportunités heureuses ont rendu possible l'accroissement du petit ensemble d'objets des Royaumes combattants (480-221 av. J.-C.) et du prestigieux groupe de sculptures bouddhiques déjà conservées avenue Vélasquez.

Un soin particulier a permis d'étoffer l'époque des Tang (618-907), désormais répartie en deux salles, rééquilibrant un circuit précédemment marqué par l'hypertrophie relative du nombre d'œuvres de la dynastie des Han entrées lors des précédentes décennies.

Jusqu'en 2004, l'absence d'un conservateur spécialisé dans le domaine graphique n'a pas permis de continuer une politique active d'acquisitions dans le domaine de la peinture chinoise. Cependant, un travail sans précédent de restauration et de remontage des rouleaux, de fabrication de boîtes de protection, de création d'une structure de documentation par artiste et par œuvre, a modifié en profondeur la collection. Aujourd'hui, la création d'un véritable cabinet de conservation couronne ces années d'efforts invisibles.

Bien que l'archéologie et l'art chinois constituent le cœur de l'institution, il eut été injuste de ne pas mentionner les acquisitions du domaine japonais, section dirigée par mon érudit collaborateur M. Michel Maucuer. Ces enrichissements figurent en fin de volume (cat. 103 à 187).

Bien que des efforts réels aient été consentis par la Ville de Paris envers l'art asiatique, force est de constater la modestie des sommes engagées en regard des prix du marché international. Ces moyens sont à comparer avec l'importance des donations reçues tant en nombre d'œuvres qu'en valeur. Bien qu'il soit très délicat d'estimer le montant de certains dons, on peut évaluer à 3 392 447 euros les objets entrés à titre gracieux. Pour la même période, la Ville de Paris a alloué 974 920 euros de crédits cumulés.

Les particuliers et les entreprises qui ont concouru avec tant de générosité à l'enrichissement du patrimoine municipal doivent recevoir ici le témoignage de notre plus vive et sincère gratitude. Leur mérite est d'autant plus grand qu'avant l'homologation récente des musées de la Ville de Paris comme « musée de France », leur libéralité ne leur octroyait aucun avantage fiscal. Leur liste ici publiée est un hommage bien dérisoire comparé à leur inlassable sollicitude envers l'institution.

Parmi eux se détachent M. et Mme Yves Mahé et M. et Mme Christian Deydier, connaisseurs qui ont joint leurs efforts pour que deux splendides parures funéraires de la dynastie des Liao (907-1125), (cat. 63) entrent dans un musée français. Désormais ces deux somptueux masques de bronze doré et leur étonnante coiffure constituent le terme éclatant du circuit permanent.

De même, une mention spéciale doit honorer M. et Mme Philippe Wahl qui, unis à M. et Mme Mahé, ont permis entre autres l'acquisition d'un exceptionnel vase *hu* de la fin de la période des Printemps et Automnes (770-481 av. J.-C.) (cat. 7), comblant par un chef-d'œuvre l'une des béances de la collection.

Pour des raisons éditoriales évidentes, le manuscrit de ce catalogue a été rendu en janvier 2005. Il nous a été impossible d'y inclure les acquisitions entrées dans les mois qui ont précédé la réouverture. Qu'il me soit permis de m'en excuser auprès des donateurs éventuels. Qu'ils trouvent ici l'assurance de ma reconnaissance.

Enfin il convient de souligner l'action exemplaire de la Société des Amis du Musée Cernuschi. Ses présidents successifs, M. Hubert Treuille, puis, depuis 2002, M. Géraud de La Tour d'Auvergne, ont toujours soutenu d'une manière indéfectible l'action de la conservation tant pour l'enrichissement des collections que pour le rayonnement de l'institution. Sur ces deux points, tous connaissent l'implication personnelle de Mme Lotus Mahé, vice-présidente, sans qui l'association ne posséderait pas le dynamisme qui est le sien aujourd'hui.

La plupart des objets proviennent des marchés parisien et londonien. Quatre d'entre eux (cat. 24, 30, 37 et 38) ont été acquis à Bruxelles, deux, à New York (cat. 79 et 80).

J'aimerais remercier Mme Jacqueline Germain, adjoint administratif, qui a assuré la dactylographie de ce travail, ainsi que M. Nicolas Engel, conservateur, et Mlle Charlotte Lanciot, chargée du service de documentation, qui ont accepté de relire le manuscrit. Il convient également de mentionner l'aide qu'a apportée Mme Shi Qi et M. Wang Mingfa dans la transcription des calligraphies.

Le goût et la connaissance des décideurs, les opportunités du marché, les moyens financiers disponibles, l'indispensable équilibre entre les techniques et les périodes façonnent peu à peu l'identité des collections publiques. Chaque « conservatoriat » apporte sa contribution à ces institutions paradoxales que sont les musées, créées pour l'éducation, la curiosité et la délectation.

Gilles Béguin
Conservateur général

Cat. 5, détail.

Grands donateurs
1993-2004

Société AIRBUS

M. Jacques Barrère

M. et Mme Christian et Agnès Deydier

M. Christian Deydier

M. et Mme Yves et Lotus Mahé

Mme et M. Josette et Théo Schumann

M. et Mme Guy et Myriam Ullens

M. et Mme Philippe et Éliane Wahl

M. et Mme Gilbert Zuellig

Dr. Stephen Zuellig

M. Wu Guanzhong

Donateurs 1993-2004

Art ancien

Société des Amis du Musée Cernuschi

Colette Beleys

M. Jean-Michel Beurdeley

Reine Bollard

Mme et M. Monique et John Crick

Mme Gisèle Croës

François Dautresme

Albert-Nicolas Dollinger

Fondation Elf

Mme F. B. sous réserve d'usufruit

Mme Suzanne Held

Mme et M. Nicole et William Lahmani

Fondation Antoni Laurent

LVMH (Moët–Hennessy–Louis Vuitton)

M. François Pinault

Mme M. Sandrea

M. Patrice Vergé

Donateurs 1993-2004

Art moderne et contemporain

M. Amano Kinkō

M. Aoyagi Sōseki

M. Aoyama Keikō

M. Asami Reika

Association Paris-Musées

M. Atsumi Sekisō

M. Michel Beurdeley

M. Chu Teh-chun

Me Coffy de Boisdeffre

M. Jacques Dauriac

M. Deguchi Keizan

Mlle Edith Desaleux

M. Edamatsu Shofu

M. Fujita Shunsui

Mme Fukuyama Miyuki

M. Hagimoto Shien

Mme Hayashi Yōko

M. Higuchi Yūbyo

M. Hikida Keika

Mme Hirai Kuniko

M. Hishida Ransui

M. Honda Kyodō

M. Hori Keiyo

Mme Ikeda Setsuko

M. Inaba Buhō

M. Iwata Keihō

M. Kaibuchi Tōro

Mme Kamata Kyoko

M. Kaneko Chosho

M. Katō Baiko

M. Kimura Zenpu

M. Kiyosawa Jinkei

M. Kobayashi Katō

Mme Kojima Seiko

M. Kojima Wakō

M. Koyonagi Choryu

M. Kurayama Sesshu

Mme Luo Xiaohua

M. Maekawa Ryuzan

M. Matsuma Takane

M. Mikami Yukei

M. Mizushima Sanyo

M. Mochizuki Kanpo

Mont-Blanc Foundation

M. Mori Seikō

M. Moriyama Tei

M. Morotome Taikyu

M. Murayose Ōkei

M. Murosaki Chushu

M. Nakamichi Shunyo

M. Nakanishi Keishu

M. Oikawa Shuhō

M. Jean-Claude Riedel

M. Sakamoto Chokin

M. Sasaki Ichiun

M. Sasaki Tōten

M. Satō Seien

M. Shibata Reiho

M. Shibayama Hakuun

Mme Shinba Suikei

M. Shinozaki Tekiho

Mme Shirai Satoko

M. Tabata Shoten

M. Takahashi Suihō

Mme Tanaka Gyokuran

M. Tanaka Hakugyo

M. Tanaka Rosetsu

Mme Tokugawa Haruko

M. Toyoda Taisen

Mme Fabienne Verdier

M. Wang Zhiping

M. Watanabe Fumika

Mme Watanabe Suirei

M. Zhou Zhilong

M. Wu Xiansheng

M. Yamane Gyokuhō

M. Yoshioka Seikō

Chronologie

Période néolithique	VIIIe-Ier millénaire av. J.-C.
Dynastie des Shang	vers 1550-1050 av. J.-C.
Dynastie des Zhou de l'Ouest	vers 1050-771 av. J.-C.
Dynastie des Zhou de l'Est	770-256 av. J.-C.
Époque des Printemps et Automnes	770-481 av. J.-C.
Époque des Royaumes combattants	481-221 av. J.-C.
Dynastie des Qin	221-207 av. J.-C.
Dynastie des Han	206 av. J.-C.-220 apr. J.-C
Han de l'Ouest	206 av. J.-C.-9 apr. J.-C.
Xin	9-25
Han de l'Est	25-220
Époque des Trois Royaumes	221-265
Époque des Jin de l'Ouest	265-316
Époque des Six Dynasties	316-589
Wei du Nord	386-534
Qi du Nord	550-577
Dynastie des Sui	581-618
Dynastie des Tang	618-907
Époque des Cinq Dynasties	907-960
Dynastie des Liao	907-1125
Dynastie des Song	960-1279
Song du Nord	960-1126
Song du Sud	1127-1279
Dynastie des Xixia	1038-1227
Dynastie des Jin	1115-1234
Dynastie des Yuan	1279-1368
Dynastie des Ming	1368-1644
Dynastie des Qing	1644-1911

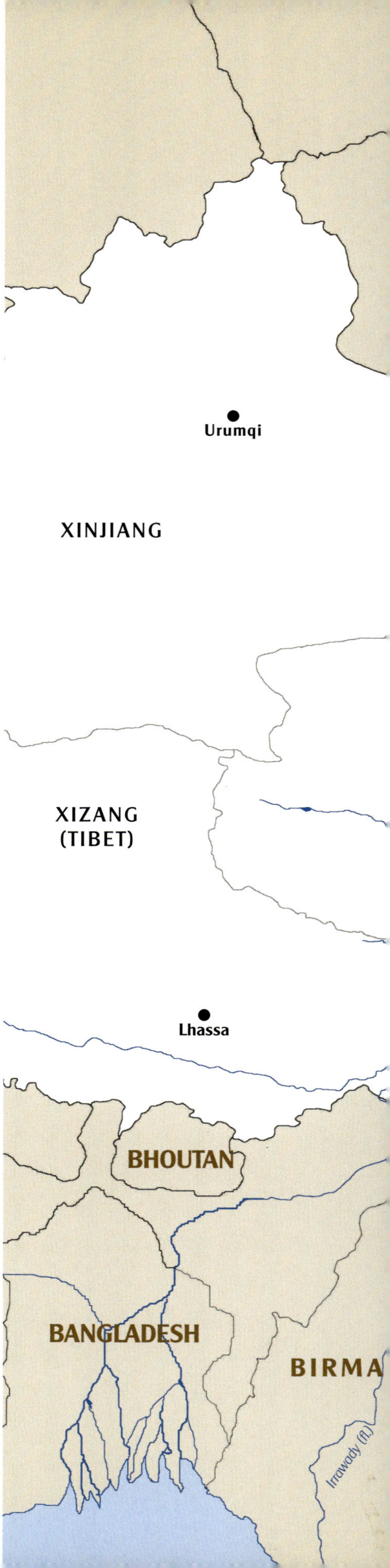

FÉDÉRATION DE RUSSIE
Heilong (fleuve Amour)
Hulun nor
HEILONGJIANG
Harbin
MONGOLIE
Changchun
JILIN
MONGOLIE INTÉRIEURE
Shenyang
LIAONING
MONGOLIE INTÉRIEURE
Hohhot
Huanghe (fleuve Jaune)
Datong
Beijing (Pékin)
Tianjin (Tientsin)
CORÉE
HEBEI
SHANXI
lac Qinghai
NINGXIA
SHAANXI
Taiyuan
Huanghe (fl.)
Jinan
Qingdao (Tsingtao)
Huanghe
Jing (riv.)
Fen (riv.)
SHANDONG
Lanzhou
GANSU
Wei (riv.)
Luoyang
Zhengzhou
Xuzhou
Xi'an
HENAN
JIANGSU
lac Hongze
Huai (riv.)
MER DE CHINE
ANHUI
Nanjing (Nankin)
Han (riv.)
lac Tai
Shanghai
HUBEI
Yangzi (fleuve Bleu)
Min (riv.)
Yangzi
Yangzi (fleuve Bleu)
Hangzhou
Chengdu
SICHUAN
Wuhan
Chongqing
lac Dongting
Nanchang
lac Poyang
ZHEJIANG
Changsha
Yangzi
JIANGXI
GUIZHOU
HUNAN
Xiang (riv.)
Fuzhou
Guiyang
FUJIAN
Taipei
Kunming
YUNNAN
GUANGXI
GUANGDONG
TAÏWAN
Guangzhou (Canton)
Nanning
Hong Kong
VIÊT-NAM
MER DE CHINE
LAOS
HAINAN

1.

Vase pansu

Terre cuite noire lustrée « coquille d'œuf »
H. : 0,14 ; D. : 0,14
Province du Shandong
Culture de Longshan (vers 2500-vers 1800 av. J.-C.)
M.C. 9909. Don de M. Jean-Michel Beurdeley, 1993.
Biblio. : Bobot, 1994, p. 111.

Gobelet à pied

Terre cuite noire lustrée « coquille d'œuf »
H. : 0,18 ; D. : 0,073
Province du Shandong
Culture de Longshan (vers 2500-vers 1800 av. J.-C.)
M.C. 9908. Don de la Société des Amis du Musée Cernuschi, 1993.
Biblio. : Bobot, 1994, p. 111.

Vase

Terre cuite noire lustrée « coquille d'œuf »
H. : 0,15 ; D. : 0,085
Province du Shandong
Culture de Longshan (vers 2500-vers 1800 av. J.-C.)
M.C. 9910. Don de M. Jean-Michel Beurdeley, 1993.
Biblio. : Bobot, 1994, p. 111.

Le site de Longshan, découvert en 1928 dans le district de Licheng, dans la province du Shandong (Wu, 1930 ; Li, 1934), donna son nom à une culture néolithique succédant à celle de Dawenkou (vers 4300-vers 2400 av. J.-C.) et parfois confondue avec la dernière phase de celle-ci. De nombreuses fouilles à partir des années cinquante devaient préciser sa vaste aire d'expansion couvrant, outre le Shandong, une partie du Shaanxi, du Henan et un segment de la côte est de la Chine. C'est cependant au Shandong, entre autres à Chengziyai et à Yaoguanzhuang (district de Weifang) que ses caractères originaux sont les plus accusés.

Parallèlement à des types de terres cuites de couleurs rouges, grises ou blanches, apparues à date plus ancienne et dont la fabrication perdure, apparaît une céramique nouvelle, souvent montée au tour, aux parois d'une minceur si fine (moins d'un millimètre d'épaisseur) que l'expression « coquille d'œuf » a été usitée pour les décrire. Leur couleur d'un noir profond est accentuée par leur poli externe obtenu par lustrage, alors que la terre, avant cuisson, possède la texture du cuir. Les vases, mouillés et cuits dans une atmosphère en réduction, absorbent le carbone dégagé par le combustible. Son taux, à la surface des pièces, excède de manière considérable, la teneur en carbone dans le corps même du matériau céramique. Cette couleur noire caractéristique est à l'origine de l'expression « culture de la poterie noire » (Black Pottery Culture) par laquelle on désigne parfois la culture de Longshan.

Des éléments en relief (M.C. 9910), des incisions et même des ajours décorent fréquemment les terres cuites de Longshan. Des gobelets à haut pied (M.C. 9908) possèdent une réelle originalité dans le contexte du néolithique chinois. Selon l'hypothèse la plus communément admise, cette vaisselle d'une grande élégance aurait servi à des libations rituelles.

2.

Jarre

Terre cuite peinte
H. : 0,334 ; D. : 0,336
Province du Gansu
Culture de Xindian (vers 1300-vers 900 av. J.-C.)
M.C. 2001-19. Don de M. Christian Deydier, 2001.
Biblio. : Béguin, 2002, p. 172.

Ce don de M. Christian Deydier complète de manière originale le riche ensemble de vases en terre cuite des anciennes cultures du Gansu et du Qinghai déjà rassemblé avenue Vélasquez. Cette jarre au décor brun-noir, est de taille plus conséquente et d'un décor plus riche que le vase acquis en 1928 à la galerie Léon Wannieck (M.C. 7417). Elle se démarque des vases de Xindian les plus fréquents par une ampleur et une complexité particulière de larges motifs triangulés, terminés à leurs extrémités par un enroulement caractéristique, interprété parfois comme l'évocation stylisée de cornes de bélier ou de chiens affrontés. Ce thème se rencontre fréquemment sur les pièces provenant du cimetière de Jijiachan, dans le district de Yongjing, et très rarement sur les céramiques découvertes à Zhangiazui, le second site éponyme de la culture de Xindian (Debaine-Francfort, 1995, p. 333, fig. 137). Sur chacune des faces, deux quadrupèdes gambadent au-dessous du grand motif rubané.

Malgré l'aspect relativement frustre des techniques céramiques et l'archaïsme des décors, la culture de Xindian est postérieure à la culture de Qijia et contemporaine de la dynastie des Shang et du début des Zhou de l'Ouest. Elle paraît s'étendre d'environ 1300 à environ 900 av. J.-C. (Debaine-Francfort, 1995, p. 329).

3.

Verseuse *jue* pour les boissons fermentées

Bronze
H. : 0,167 ; L. : 0,144 ; P. : 0,065
Province du Henan
Époque de Erligang (vers 1550-vers 1300 av. J.-C.), dynastie des Shang (vers 1550-vers 1050 av. J.-C.)
M.C. 10014. Don de M. et Mme Yves Mahé, 1998.
Biblio. : Deydier, 1998, p. 8-9, n° 1 ; Béguin, 1999, p. 129-130.

Jusqu'à ces dernières années, le musée Cernuschi ne possédait qu'une seule pièce de l'époque de Erligang, une coupe du type *gu* provenant du legs Henri Cernuschi (M.C. 83), de teinte noirâtre car ayant été décapée de toute oxydation comme nombre d'œuvres des collections anciennes.

Ce *jue* permet désormais d'évoquer d'une manière plus explicite cette période charnière de l'évolution de l'art du bronze en Chine. L'importance accordée au bec verseur, la minceur des pieds, les larges bandes horizontales sur le registre médian dessinant un masque de monstre *taotie*, sont autant de caractéristiques du style. La face opposée porte une large anse de section semi-circulaire. Par sa silhouette gracile et des pieds longs, étroits, et mal assurés, l'œuvre rappelle un *jue* conservé au Royal Ontario Museum de Toronto (inv. 932-16-43) (Bagley, 1987, vol. 1, p. 76, fig. 46).

La plupart des coupes *jue* utilisées pour les libations possèdent, au départ du bec, deux petits appendices fongiformes, nécessaires selon certains pour suspendre de petits sachets de condiments qui parfumaient les boissons fermentées. Ici un seul bouton surmonte une sorte de pont en métal. Cette rareté propre à l'époque de Erligang se retrouve sur quelques autres *jue* de la même période. Sans être exhaustif, il convient de citer quatre *jue* comparables. L'un a été découvert près de Zhengzhou (Henan), à Baijiazhouang, dans la fosse M3 (*cf. Henan chutu*..., vol. 1, 1981, n° 30) ; un autre à Anhui Feixi (*Wenhua da geming*..., 1972, n° 40) ; un troisième, conservé au royal Ontario Museum de Toronto (inv. 947-33-4), qui aurait été découvert au Henan, à Hui Xian Dongshihecun (Bagley, 1987, p. 82, fig. 59). Un quatrième est conservé au Museo Nazionale d'Arte Orientale de Rome (inv. 16108, coll. Taliani) où, grâce à Mlle Donatella Mazzeo, il nous a été possible de le voir en réserve.

Cat. 3, dos.

Cat. 3, détail.

4.

Tripode *jia* pour les boissons fermentées

Bronze
H. : 0,287 ; L : 0,163 ; P. : 0,155
Provinces du Henan ou de Anhui.
Époque de Erligang (vers 1550-vers 1300 av. J.-C.), dynastie des Shang (vers 1550-vers 1050 av. J.-C.)
M.C. 10029. Don de M. et Mme Yves Mahé en mémoire de Jacques Simon, 1999.
Biblio. : Deydier, 1998, p. 10-11, n° 2 ; Béguin, 2000 a, p. 155-156 ; Béguin, 2000 b, p. 28, 29, 201.

Cette pièce de taille relativement grande, à l'ouverture légèrement écrasée par les aléas de son enfouissement, est caractéristique des récipients de type *jia* destinés à chauffer les boissons fermentées, découverts à Erligang, non loin de Zhengzhou, et dans d'autres sites du Henan. Le corps du récipient, presque cylindrique, est étranglé par une légère moulure en son milieu. À l'époque de Anyang (vers 1300-vers 1050 av. J.-C.), il s'affinera et son profil dessinera deux courbes, convexe et concave, s'évasant plus largement au col. Le fond plat, la poignée en arc de cercle se rattachant encore maladroitement à la pièce, et les pieds raides, de section fortement triangulaire, sont d'autres particularités de la période. Deux registres de moulures plates et rubanées dessinent un masque de *taotie*, fortement stylisé. Deux bandes de minuscules médaillons circulaires en relief bordent le registre supérieur.

La culture dite de Erligang s'était étendue bien au-delà des limites actuelles de la province du Henan, en particulier au Hubei comme en témoignent les fouilles menées au milieu des années cinquante à Panlongcheng (Bagley, 1977), mais également au Anhui. Bien que la nouvelle pièce du musée Cernuschi montre de réelles affinités avec deux *Jia*, l'un conservé au musée de Shanghai (Mizuno, 1959, vol. I, p. 132, pl. 1) et l'autre au San Francisco Museum of Asian Art (Coll. Avery Brundage. *Cf.* Loehr, 1968, p. 24-25, n° 4), c'est avec des vases découverts dans la province de Anhui que le *Jia* Mahé présente le plus d'analogies. Deux furent ainsi mis au jour en 1957 à Funan Xian (*Wenwu*, 1959, n° 1, fig. en deuxième de couverture) et un autre en 1965 à Feixi Xian (Wen Fong, 1980, p. 122, 141, n° 16 ; *Anhuisheng Bowuguan*..., 1987, pl. 4).

Les hauts boutons fongiformes constituent une autre particularité notable. Différents des boutons plus courts ou plus larges que l'on rencontre fréquemment dans la région de Zhengzhou, ils paraissent l'une des caractéristiques d'un style de transition entre les phases de Erligang et de Anyang au Anhui.

La pièce nous est parvenue recouverte d'une patine d'un beau vert profond. Elle permet de représenter superbement cette première grande période de l'art du bronze en Chine.

5.

Vase *fanglei* pour les liquides

Bronze
H. : 0,493 ; L. : 0,309 ; P. : 0,273
H. sous le couvercle : 0,403
Chine septentrionale.
Époque de Anyang (vers 1300-vers 1050 av. J.-C.), dynastie des Shang (vers 1550-vers 1050 av. J.-C.)
M.C. 2000-9. Don de la Société Airbus, 2000.
Insc. : « [Hommage au] Père Xin [du clan des] des crapauds » (traduction Pr. Li Ling)
Biblio. : *Jade as Sculpture*, 1975, fig. 8 ; Deydier, 1995, pl. 69 ; Deydier, 1997, n° 2 ; Béguin, 2001, p. 129-131.

Ce grand vase complète d'une manière spectaculaire l'ensemble de récipients rituels d'époque archaïque déjà conservés au musée. De telles jarres *lei*, de section circulaire ou comme ici carrée, au col étranglé et court, possédant leur diamètre maximum au niveau de l'épaule étaient destinées à contenir des boissons fermentées, et plus rarement de l'eau. La présence en Occident du *fanglei* de la Société Airbus est attestée depuis plusieurs décennies (coll. A. Hartman, New York ; coll. J.J. Schedel, U.S.A. ; coll. T.A., Suisse ; galerie Oriental Bronzes, Londres). En 1975, il a été présenté dans plusieurs musées américains lors d'une exposition itinérante.

L'œuvre est caractéristique des *fanglei* de la période de Anyang (vers 1300 – vers 1050 av. J.-C.). Elle possède trois anses. Deux d'entre elles, placées à hauteur de l'épaule, permettent de soulever le récipient. Une troisième, en bas de la panse, est ornée d'une tête de bovin. À hauteur de l'épaule, un masque de bélier en fort relief décore la face principale du récipient. Des motifs en très léger relief couvrent le reste de la pièce. Tous participent du vocabulaire thématique en usage à l'époque des Shang. Leur répartition peut être étroitement comparée à d'autres *fanglei* antiques. Sur chaque côté de la base, les têtes de deux dragons de type *kui*, placés en symétrie en miroir, dessinent un masque grimaçant et stylisé de *taotie*. De grands triangles, interprétés par certains auteurs comme des ailes de cigales, gages d'immortalité, décorent la panse. De grands masques de *taotie* pourvus de hautes cornes en garnissent l'espace intérieur. Au-dessus, sur un registre en-dessous de l'épaule, des motifs de tourbillons alternent avec d'autres *taotie* grimaçant. Sur l'épaule proprement dite, de grands dragons, au corps arqué et à la gueule entrouverte pourvue de dents acérées, hantent un large registre. Le col et le couvercle reprennent des motifs traités sur le corps du vase. Tous ces éléments se détachent sur un fond de spirales carrées évoquant le « caractère tonnerre » (*leiwen*). La lisibilité des diverses figures et leur faible relief incitent à placer la pièce au XIIe siècle avant J.-C., à une date antérieure à la plupart des *fanglei* qui présentent des motifs en fortes saillies, caractéristiques de la fin de la dynastie des Shang. À l'intérieur du col, deux caractères, « [Hommage au], Père Xin [du clan des] crapauds » (traduction du P^{r}. Li Ling), invoquent le nom d'un ancêtre. La patine d'un beau vert profond, a été en partie poncée afin de lui donner un aspect « tigré », selon une mode attestée dans les années 1930 et particulièrement appréciée des amateurs japonais.

En Chine continentale, plusieurs musées possèdent d'admirables *fanglei* dont la paire trouvée à Sucun (district de Chenggu, province du Shaanxi) (Li Xixing, 1994, p. 125, nº 175), et le célèbre exemplaire du musée de Shanghai (Fong Wen, 1980, p. 132, 159, nº 27), chefs-d'œuvre absolus de l'art du bronze. À l'opposé, ce type de récipient cérémoniel est relativement rare dans les musées occidentaux ; ainsi la Freer et la Sackler Gallery de Washington, collections d'art chinois parmi les plus belles au monde, en sont dépourvues. Aux U.S.A., il convient cependant de citer le remarquable *fanglei* du Nelson Atkins Museum of Art de Kansas City (Deydier, 1995, p. 252, fig. 2), et au Japon, le très bel exemplaire de la Collection Sumitomo (*Sen-oku hakko*, 1976, p. 24, fig. 11).

Jusqu'à présent aucun *fanglei* n'était conservé en France. L'entrée du *fanglei* de la Société AIRBUS constitue sans doute la dernière opportunité d'enrichir le patrimoine parisien d'un bronze exceptionnel de ce type. Il comble de plus une importante lacune chronologique. L'institution, riche en pièces archaïques du XIe siècle av. J.-C. (fin de la période des Shang et début de la période des Zhou de l'Ouest), ne possédait aucune œuvre de grande taille de l'apogée de la dynastie des Shang.

Le don de cette pièce majeure va permettre au public français d'apprécier à sa juste mesure la maestria technique et le génie créatif des bronziers de l'époque de Anyang. Cette libéralité exemplaire témoigne de l'intérêt grandissant des plus importantes firmes françaises et européennes pour la Chine et sa civilisation.

6.

Bouteille *hu*

Bronze
H. : 0,245 (H. sans le couvercle. 0,213) ; L. : 0,193 ; P. : 0,74
Provinces du Hubei ou du Shandong
VIIIe-VIIe siècle av. J.-C. Début de l'époque des Printemps et Automnes (771-481 av. J.-C.)
M.C. 2004-7 a et b. Don anonyme, 2004.
Biblio. : Deydier, 2002, n° 39.

Dans son fameux ouvrage sur les bronzes des Zhou de l'Est, Mme Jenny So publie un *hu* proche de l'œuvre ici commentée (So, 1995, fig. 4, p. 14). Cette dernière pièce fut découverte à Qufu, bourgade du Shandong célèbre principalement pour avoir servi de retraite à Confucius. Elle porte une inscription rapportant qu'elle aurait été commandée par le marquis de Chen, souverain d'une petite principauté du sud du Henan, à l'occasion du mariage de sa fille avec un prince de la puissante maison de Lu. Il est cependant douteux que l'œuvre ait été fabriquée au Shandong, fief de la maison de Lu. Comme le nouveau *hu* du musée Cernuschi, la pièce porte des motifs en « v » emboîtés et inversés. Ce décor inhabituel se retrouve sur un autre bronze portant la même dédicace du marquis de Chen et provenant, selon Mme Jenny So, de manière vraisemblable du Hubei. Des courants commerciaux réunissaient alors le Hubei à la côte du Shandong.

Il convient de mentionner qu'un troisième *hu* quasi identique a été découvert en 1969 à Shangkuang, district de Yantai, également au Shandong (*Zhongguo*…, p. 29 et 85).

Outre le profil renflé et leur décor en registres alternant des animaux mythiques, stylisés jusqu'à devenir inidentifiables, et d'écailles, les trois pièces portent de petites anses ajourées, placées latéralement deux à deux, qui devaient recevoir un lien de cuir. Un couvercle orné de deux serpents enlacés constitue une rareté iconographique.

7.

Bouteille *hu*

Bronze
H. : 0,438 (H. sans le couvercle 0,336) ; L. : 0,321 ; P. : 0,287
Fonderies de Houma, Shanxi
Fin du VIe-début du Ve siècle av. J.-C. Fin de l'époque des Printemps et Automnes (770-481 av. J.-C.)
M.C. 2004-6. Don de M. et Mme Yves et Lotus Mahé et de M. et Mme Philippe et Éliane Wahl en préfiguration de la réouverture du musée après rénovation, 2004.

L'œuvre, longtemps conservée dans une collection prestigieuse située sur une île au large de l'Eurasie, est caractéristique des fonderies de Houma au Shanxi. Les vestiges de ces fabriques situées près du village moderne de Niucun ont été fouillés de 1957 à 1965 (*Institute...*, 1996). Elles se trouvaient près de l'antique Xintian, capitale de l'ancienne principauté de Jin, l'un des états les plus puissants de Chine septentrionale à partir de 632, dépecé cependant en 453 par les grands officiers à la tête des trois armées du pays. Les milliers de fragments de moule retrouvés permettent de reconstituer l'importante production des ces ateliers. Ainsi les motifs sur certains d'entre eux peuvent être étroitement comparés à des détails d'ornementation du nouveau *hu* du musée Cernuschi (*Institute...*, 1996, p. 89, n° 25 ; p. 102, n° 98 ; p. 149, n° 107 ; p. 322, n° 681 ; p. 330, n° 711 ; p. 334, n° 724).

Les fonderies de Houma pourvoyaient en vaisselle métallique de qualité inégale une large clientèle dispersée dans tout le nord de la Chine mais fournissaient également en pièces de prestige l'aristocratie du Jin. Par leur qualité exceptionnelle, un petit nombre de vases participent de ce second groupe. Quatre pièces portant des inscriptions s'en détachent : une paire de grands bassins (*jian*), partagée entre la Freer Gallery de Washington (Inv. 29-5) et le Minneapolis Institute of Arts (Pillsbury Coll.), dédicacées par un membre du Clan Zhi, famille régnant sur le Jin jusqu'en 453 (So, 1995, p. 40) et une paire de bouteilles (*Hu*) de l'ancienne collection Cull, aujourd'hui au British Museum, datée des environs de 482 av. J.-C. (Inv. 1972.2-29. 1 et 2. *Cf. Masterpieces of Japanese...*, 1987, p. 146-147, n° 109 ; Mizuno, 1989, vol. 3, p. 107, pl. III B, n° 69 ; So, 1995, p. 42, fig. 54).

Deux autres *hu* peuvent rivaliser avec les vases britanniques. Le plus spectaculaire d'entre eux, conservé au musée de Shanghai, provient de la fameuse falaise de Liyu. Ce site se trouve dans le district de Hunyan au nord du Shanxi, dans une zone autrefois incluse dans le royaume de Dai, aux confins du monde barbare (Salles, 1931). Dans une cachette, on découvrit en 1923 un lot de bronzes regroupés de manière insolite hors de tout contexte funéraire. Le marchand parisien Léon Wannieck, opportunément en voyage dans la région, en acquit la plus grande partie, entrée en 1935 pour la plupart dans les musées nationaux par souscription publique. Les deux chefs-d'œuvre de l'ensemble, le *hu* et un *zun* en forme de bélier, restèrent cependant en Chine (Fong, 1980, p. 267-268, 277, n° 69).

Appartenant également à ce groupe, un *hu* conservé à la Freer Gallery de Washington est le plus souvent représenté dans les ouvrages généraux sur l'art chinois (Inv. 57-22. *Cf.* Pope – Gettens – Cahill – Barnard, 1967, p. 496-497, pl. 91, n° 97).

Le *hu* Wahl-Mahé s'inscrit parfaitement dans cet ensemble prestigieux. Toutes ces pièces présentent de grandes affinités mais également de petites différences qui attestent de l'habileté des fondeurs de Houma, s'adaptant aux souhaits de leurs divers commanditaires. Toutes possèdent des formes d'un équilibre parfait et une taille dépassant les 0,40 m. Elles sont toutes décorées de registres horizontaux constitués d'entrelacs que forment les corps stylisés de reptiles mythiques à peine reconnaissables. Le registre le plus important au milieu de la panse est garni de grands masques de *taotie*. Ce motif, tombé en désuétude plusieurs siècles auparavant, participe des thèmes archaïsants en usage dans les fonderies de Houma.

Ci-dessus et ci-contre, cat. 7, détails

Ces *hu* sont également pourvus de deux poignées en forme de félin, placées en haut de la panse. Ces poignées divisent ainsi les récipients en deux faces. Sur le *hu* de Shanghai les attaches des poignées, aujourd'hui disparues, sont bien visibles.

Il convient de noter que sur tous ces vases, les masques de *taotie* sont décollés par rapport à l'axe vertical de chacune des faces, comme si le bronzier n'avait pas tenu compte du décor lors du positionnement dans le moule des anses déjà réalisées pour la coulée finale. Leur aspect évoque des félins. Sur le *hu* du musée Cernuschi, ils sont représentés galopants. Sur les autres vases, à l'arrêt, ils tournent la tête en arrière.

Les registres rubanés sont séparés les uns des autres par des moulurations tantôt ornées d'une frise d'animaux passant (Shanghai), tantôt de motifs cordés (British Museum, Freer Gallery), ou encore de figures géométriques (musée Cernuschi). Seuls les *hu* du British Museum et du musée Cernuschi ont conservé leur couvercle, constitué de larges « pétales » de bronze rabattus et ajourés.

On aurait pu penser que la faiblesse structurelle des crédits d'acquisitions des musées de la Ville de Paris exclurait tout espoir d'enrichir la collection par un bronze archaïque majeur. L'entrée dans le patrimoine municipal de cette pièce exceptionnelle, due à la générosité renouvelée de M. et Mme Yves Mahé et de M. et Mme Philippe Wahl, constitue donc une date capitale dans l'histoire de l'institution.

Cat. 7, dos.

8.

Bouteille *hu* pour les boissons fermentées

Bronze avec incrustations de cuivre
H. : 0,398 ; D. : 0,278 (D. à l'ouverture : 0,125 ; D. à la base : 0,157)
Fin de l'époque des Printemps et Automnes (771-481 av. J.-C.) – début de l'époque des Royaumes combattants (481-221 av. J.-C.)
M.C. 2003-2. Achat, 2003.
Biblio : Béguin, 2004, p. 149-150.

Bien qu'ayant perdu son couvercle, ce vase, à la patine de couleur vert d'eau tel le jade et muni de deux anses en forme d'anneaux, porte de nombreuses incrustations de cuivre rouge réparties en registres, pour la plupart disposées symétriquement « en miroir ». On identifie ainsi des cerfs, trois types différents de dragons, des oiseaux huppés et des entrelacs. D'autres entrelacs, dont le dessin n'est pas sans évoquer un masque de *taotie* fortement stylisé, occupent le milieu de chaque face de la panse.

De tels vases sont nombreux dans les collections. Les plus connus sont conservés au Metropolitan Museum de New York (inv. 29-100-545), à l'Art Institute de Chicago (inv. 1928-143) (Chase, 1991, p. 66, n° 29), au Fuji Yurinkan de Kyōto, au Fogg Art Museum de Cambridge (Mass.) et son pendant au Royal Ontario Museum (inv. 933-112-66), à la Sackler Gallery de Washington (inv. V. 353. *Cf.* So, 1955, vol. III, fig. 44, p. 256-259), à l'Asian Art Museum de San-Francisco (Collection Avery Brundage. Inv. B 30. *Cf.* Lefebvre d'Argencé, 1977, p. 122-123, n° LII), bien évidemment dans divers musées chinois dont le National Palace Museum de Taipei et le musée de Shanghai (inv. 3653) et dans plusieurs collections privées. Celui du musée Guimet (inv. MA 556) a été publié récemment (Delacour, 2001, p. 72-73).

Sur ces *hu*, les animaux incrustés se répartissent sur cinq, sept ou neuf registres. La même technique d'incrustations se rencontre sur d'autres pièces contemporaines, notamment des coupes *zhou* ou des vases *yufou*. Il semble que les motifs en cuivre rouge, après avoir été découpés, aient été préalablement fixés dans les moules et ainsi inclus dans le corps du vase lors de la fonte. Les créations des pasteurs nomades, entre autres des textiles portant des applications de cuir et de feutres colorés, semblent avoir été à l'origine de ces décors où prédominent les motifs animaliers. Ce rapprochement inciterait à placer les premiers centres de production de ces bronzes incrustés en Chine du Nord.

Charles D. Weber a, en son temps, attiré l'attention sur ce groupe (1967, Group VI, p. 123-136) qu'il supposait provenir d'une même fabrique, située à Huixian, au Henan. Noël Barnard, devait approfondir cette étude en 1987 (1988, p. 8-12).

En 1977, la fouille du cimetière de Xiasi dans le district de Xichuan au Henan, permit de préciser la date d'apparition de cette technique d'incrustation. La tombe n° 2, la plus riche, contenait entre autres les plus anciens vases de bronze inscrits décorés d'incrustations de cuivre rouge. Deux *yufou* portent en effet le nom de leur commanditaire, Wei (Yuan ?) Zi Peng, membre d'une branche cadette de la famille royale de Chu. (A. Thote *in* Béguin – Laureillard, 2000, p. 147-149, n° 54) ; donc indirectement leur date de fabrication : vers 550 av. J.-C. Cette technique restera en usage durant tout le Ve siècle. Originaire de Chine septentrionale, elle se répandra dans le sud (Weng, 1980, p. 279-281, n° 93 ; Rawson, 1996, p. 153, n° 71).

Cet achat judicieux permet d'évoquer une technique caractéristique en usage à la fin de la période des Printemps et Automnes et au début des Royaumes combattants.

Cat. 8, dos.

9.

Jarre

Terre cuite
H. : 0,333 ; D. : 0,334
Chine, bassin du Bas-Yanzhi
VIIe siècle env. av. J.-C., époque des Royaumes combattants (481-221 av. J.-C.)
M.C. 2000-1. Don de M. Jean-Michel Beurdeley, 2000.
Biblio. : Béguin, 2001, p. 133-134.

Cette jarre bombée, en terre cuite grise, est ornée d'un décor tapissant de petits losanges estampés. Deux larges registres de grecques figurent, l'un autour de la panse, l'autre en-dessous de l'épaule. Ce type d'estampage est une des caractéristiques des poteries de l'époque des Royaumes combattants (par exemple Seligman, 1935, et Li, 1996, p. 67, nº 36 à 38 et p. 69, nº 45 à 48) dont l'aire d'utilisation se situe dans le bassin du Bas-Yangzhi, sur un vaste territoire s'étendant de l'Anhui jusqu'à la région de Shanghai. On les trouve en grand nombre dans les tombes du sud du Jiangsu et du nord du Zhejiang. Peut-être qu'une grande partie d'entre elles auraient été fabriquées à Shaaxing, au nord du Zhejiang (*Kaogu*, 1987, nº4, p. 371).

Trois jarres de la collection Meidaozhai participent de cette production (Pirazzoli-t'Serstevens, 2002, vol. II, p. 195-197, nº 13 à 132), mais c'est avec la première d'entre elles que le grand pot du musée Cernuschi présente le plus d'affinités. Il convient également de citer une jarre, légèrement plus petite que celle du musée Cernuschi, présentée sur le marché américain (Butterfields, 22 oct. 2001, p. 76, nº 3220).

10.

Andouiller

Bois peint et laqué, bois de cerf
H. : 1,26 ; L. : 0,49 ; P. : 0,36
Chine méridionale, Royaume de Chu (IXe siècle-223 av. J.-C.)
Époque des Royaumes combattants (481-221 av. J.-C.)
M.C. 9923. Don de M. et Mme Christian Deydier, 1995.
Biblio. : Béguin, 1996, p. 132-133 ; Béguin, 200-b, p. 57, p. 203.

L'état de Chu (IXe siècle - 223 av. J.-C.), l'un des plus puissants de Chine du Sud, s'étendait sur un vaste territoire couvrant les actuelles provinces du Hubei, du Hunan, le sud du Henan et l'ouest de l'Anhui. Sur la rive gauche du cours moyen du Yangzi, le site de Jinancheng, non loin de Jiangling (Hubei), est considéré par la plupart des spécialistes comme l'emplacement de Ying, la capitale de Chu jusqu'en 278 av. J.-C. Aux abords de la cité plusieurs nécropoles, telles celles de Yutaishan ou de Jiudian, comptent chacune plusieurs milliers de tombes. Nombre d'entre elles ont livré des témoignages d'un art funéraire original, attestant de rites d'ensevelissement spécifiques. Ainsi des statues en bois (V^e-IIe siècle av. J.-C.), découvertes depuis quelques décennies, gorgées d'humidité et à la conservation aléatoire, ont été fréquemment reproduites et étudiées conjointement avec les laques du royaume de Chu (Teng, 1992). Celles du musée Cernuschi ont toutes été traitées par le laboratoire ARC-NucléArt de Grenoble.

On trouve souvent dans les tombes, dans le caisson à la tête du cadavre, des andouillers à la fonction sans doute prophylactique, identifiés parfois selon des textes anciens comme Tu Bo, le Seigneur du monde souterrain (Chen-Ruan, 1983, p. 63-67). Celui du musée Cernuschi est composé de quatre parties. Un large soubassement de bois, de forme parallélépipédique, supporte un « terme » au visage grimaçant, à la langue pendante, aux yeux globuleux et au nez largement épaté. Quatre larges volutes à hauteur du front correspondent aux sourcils. Deux grands bois de cerf portent encore par endroits un fin décor en léger relief de rinceaux stylisés. L'ensemble était autrefois peint. Des rehauts rouges subsistent sur les bois et la langue. Ils dessinent sur la base des motifs vermiculés encore visibles par places.

Le grand andouiller du musée Cernuschi est très proche de trois autres pièces. L'une appartient au musée provincial du Hubei et provient de la tombe n° 6 de Yutaishan (Jiangling) fouillée en 1986 (*Laquerware from Warring States*, 1994, n° 24). Les deux autres sont passées en vente ces dernières années (Sotheby's, New York, 31 mai-1er juin 1994, n° 323 ; Christie's, 1er décembre 1994, n° 159). Leurs volumes non exempts d'une certaine rondeur et leur expressivité contrastent avec la sobre géométrisation d'un andouiller du British Museum (Salmony, 1954, fig. 6.7). Sur d'autres, l'expression farouche de l'entité protectrice est poussée jusqu'au paroxysme, comme par exemple sur celui de la collection J. H. Cox. Washington (Salmony. 1954, pl. IV) ; un second provenant de Changsha, Hunan (Blanchon : 1993, pl. 192) et un troisième découvert plus au nord, dans la tombe n° 2 de Changtaiguan, district de Xinyang, Henan (Qi, 1988, *s.p.*). Les plus impressionnants comportent deux faces grimaçantes, placées dos à dos et supportant chacune des andouillers, tel celui trouvé, en 1978, à Tianxingguan dans le district de Jiangling (aujourd'hui au Jingzhou Prefecture Museum. *Cf.* Yang, 1999, p. 346-348, n° 118).

Cat. 10, détail.

11.

Cervidé surmonté d'andouillers

Bois avec traces de polychromie, bois de cerf
H. : 0,425 ; L. : 0,415 ; P. : 0,265
Chine méridionale, Royaume de Chu (IXe siècle-223 av. J.-C.)
Époque des Royaumes combattants (481-221 av. J.-C.)
M.C. 9926. Don de M. et Mme Christian Deydier, 1995.
Biblio. : Béguin, 1996, p. 134.

Le cervidé surmonté d'andouillers le plus célèbre provenant du Royaume de Chu fut trouvé dans la tombe de Zeng Houyi, à Leigudan, district de Suixian, au Hubei (reproduit par exemple par Colin Mackenzie, 1993, p. 12, fig. 1 et Yang, 1999, p. 314-315, n° 109) mais d'autres œuvres de référence sont nombreuses. Citons pour mémoire un cerf présenté à Sotheby's, New York, le 31 mai 1994 (n° 460). L'animal du musée Cernuschi, cependant, n'est pas comme ces deux œuvres représenté dans une frontalité absolue. Il tourne la tête sur le côté comme un cervidé exhumé à Jiangling, sur le mont Paima (Hubei) (Qi, ill. 6a, sup. gauche). Bien que la tête soit amovible, la position du cou et la forme du tenon ne laissent aucune ambiguïté sur cette position. Les taches de sa robe, esquissées à larges traits, diffèrent par leur grande taille des œuvres homologues évoquées.

12.

Support de tambour

Bois avec traces de polychromie
H. : 0,86 ; L. : 0,675 ; P. : 0,125
Chine méridionale, Royaume de Chu (IXe siècle-223 av. J.-C.)
Époque des Royaumes combattants (481-221 av. J.-C.)
M.C. 9924. Don de M. et Mme Christian Deydier, 1995.
Biblio. : Béguin, 1996, p. 134.

État avant traitement par le laboratoire ARC-NucléArt de Grenoble..

Les supports de tambour en forme d'échassiers constituent un type particulièrement célèbre de la sculpture en bois du Royaume de Chu. Le soubassement est quelquefois en forme de serpents entrelacés (Cleveland Museum, inv. 38-9) ou plus fréquemment, comme ici, prend l'aspect de petits félins aux volumes géométrisés. Il en est ainsi sur un porte tambour trouvé dans la tombe n° 1 de Wangshan, au Jiangling, en 1965 (*Laquerware*..., n° 2).

Sur l'exemplaire de la donation Deydier, les félins géométrisés possèdent les mêmes proportions que ceux du tambour de la tombe n° 1 de Wangshan (Jiangling) et que celui du grand oiseau aux ailes déployées retrouvé dans la tombe n° 166 de Yutaishan (Jiangling) (Mackenzie, 1993, p. 121, fig. 2).

La pièce Deydier est proche, par ses formes, d'un support de tambour exhumé au monastère Gepo, dans le district de Jiangling (Qi, 1988, ill. 6A, inf. droit). Comme sur lui, les deux corps d'oiseaux sont constitués d'une même pièce de bois et non de deux éléments (*Laquerware*..., n° 2). Des morceaux de taille inégale permettent de reconstituer le cadre du tambour. L'emplacement des clous et un fragment de lanière de cuir rendent explicite la fonction de ce cercle. L'œuvre, composée en tout de dix-huit éléments, présente par places des traces de polychromie difficilement lisibles : robe des félins et plumes des oiseaux notamment.

Bien que plus élancée et plus élégante de proportions, l'œuvre n'est pas sans évoquer un support de tambour comparable, conservé au Museum of Fine Arts de Boston et qui proviendrait de la région de Changsha (inv. 49-494. Fontein, 1973, n° 21, p. 66-69).

13.

Serviteur à natte

Bois
H. : 0,485 ; L. : 0,09 ; P. : 0,069
Chine méridionale, Royaume de Chu (IXe-223 av. J.-C.)
Époque des Royaumes combattants (481-221 av. J.-C.)
M.C. 2002-3. Don de M. et Mme Christian Deydier, 2002.
Biblio. : Béguin, 2003, p. 122.

Servante

Bois
H. : 0,455 ; L. : 0,09 ; P. : 0,055
Chine méridionale, Royaume de Chu (IXe-223 av. J.-C.)
Époque des Royaumes combattants (481-221 av. J.-C.)
M.C. 9925. Don de M. et Mme Christian Deydier, 1995.
Biblio. : Béguin, 1996, p. 134.

Ce couple de serviteurs, en bois juste ébauché, devait autrefois être peint et pourvu de vêtements miniatures véritables, comme en témoigne des exemples semblables découverts dans la tombe nº 1 de Mashan, dans le district de Jiangling au Hubei (Hubei, 1985, p. 81, fig. 66). Les serviteurs y étaient placés dans le troisième compartiment du cercueil, à hauteur de la tête du défunt.

14.

Coupe à oreilles rectangulaires *yushang*

Bois laqué
H. : 0,056 ; L. : 0,178 ; D. : 0,157
Chine méridionale, Royaume de Chu (IXe siècle-223 av. J.-C.)
Époque des Royaumes combattants (481-221 av. J.-C.)
M.C. 9920. Don de M. et Mme Christian Deydier, 1995.
Biblio. : Béguin, 1995, p. 125.

Jusqu'à ces dernières années, le musée ne conservait que deux laques anciens : un plat (M.C. 8654) et une coupe, dépôt du musée national des Arts asiatiques – Guimet (MA 1782). Les dons répétés de M. et Mme Christian et Agnès Deydier permettent aujourd'hui d'évoquer cette technique d'une manière beaucoup plus diversifiée.

Cette pièce constitue à présent le laque le plus ancien du musée. Une large bande noire, à décor géométrique rouge, contraste avec le corps de la coupe d'un rouge plus intense. Ces motifs aux dessins anguleux pourraient évoquer des phénix, des dragons ou des nuages fortement stylisés. Des festons en creux allègent avec bonheur les anses. La coupe Deydier peut être comparée à des pièces découvertes au Hubei, à Jiangling (Blanchon, 1993, p. 206 ; Tang R. 1992, p. 12, fig. 1), et à Leigudun, dans le district de Sui (Chen, 2002, ill. p. 42), aujourd'hui au musée national d'Histoire de Beijing, et au Hunan, à Changsha (Lawton, 1982, p. 183). Sur cette dernière coupe, conservée à la Freer Gallery de Washington (inv. 47-24), des motifs en diagonales terminées en spirale décorent le bandeau qui borde la lèvre, comme sur la coupe du musée Cernuschi.

Comme en témoigne une rare pièce retrouvée à Changha, à présent à la Freer Gallery de Washington (inv. 49-1), de telles coupes étaient posées sur des supports (So, 1997, p. 65, fig. 13).

15.

Plateau supérieur d'une table basse

Bois laqué
H. : 0,024 ; L : 0,575 ; l. 0,346
Chine méridionale
Époque des Han de l'Ouest (206 av. J.-C.-9 apr. J.-C.)
M.C. 2002-4. Don de M. et Mme Christian et Agnès Deydier, 2002.
Biblio. : Deydier, 1991, p. 54-56 ; Béguin, 2003, p. 121-122.

La pièce la plus rare de l'ensemble de laques aujourd'hui conservés au musée Cernuschi est sans conteste ce plateau, décoré de bandes alternées rouges et noires. Le dessous est renforcé par deux traverses. L'un des angles porte une mince pièce rapportée, sans doute le reste d'un pied. La présence de pieds rapprocherait la pièce de petites tables de type *ji* et non des plateaux véritables (*an*). Le premier exemple connu de table en bois laqué remonte au Ve siècle av. J.-C. (tombe du marquis de Yi de Zeng, à Leigudun, district de Suixian au Hubei. *Cf.* Hubeisheng, 1989). Les tables de l'époque des Han de l'Ouest sont bien attestées. Sur le site de Magawandui, les plateaux *an* voisinaient avec les tables basses *ji* (Daoulas, 1992, p. 134 et 137). Tous deux servaient à présenter les divers récipients nécessaires à une collation, entre autres des coupes et des plats également en bois laqué.

Parmi les 5 012 objets en bois laqué découverts dans la tombe du marquis Yi de Zeng, on note plusieurs plateaux *an* dont un de qualité exceptionnelle, et dans la nécropole de Jiangling, deux autres provenant de la tombe n° 2 (Teng, 1992, p. 101-102).

Les délicats décors brun-rouge qui ornent les registres noirs portent de petits motifs vermiculés, des nuages et des oiseaux la tête relevée. Ces motifs se rapprochent de deux thèmes présents dans la typologie définie par M. Teng Rensheng (1992). Les oiseaux évoquent, en plus simplifié, les phénix fréquents selon M. Teng sur le matériel funéraire du Royaume de Chu à l'époque des Royaumes combattants (Teng, 1992, p. 128, fig. 72). Ces rinceaux quant à eux, aux larges crosses carrées porteuses de fines pousses vermiculées, peuvent être comparées à des ornements analogues sur des laques découverts à Changsha (Teng, 1992, p. 153, fig. 104-3).

16.

Bouteille *hu*

Bois laqué
H. : 0,294 ; D. : 0,235
Chine méridionale
Époque des Royaumes combattants (481-221 av. J.-C.)
ou début de l'époque des Han de l'Ouest (206 av. J.-C.-9 apr. J.-C.)
M.C. 9919. Don de M. et Mme Christian Deydier, 1995.
Biblio. : Béguin, 1995, p. 125-126.

Ce vase *hu*, aux formes puissantes, présente sur un fond noir cinq registres couverts de fins piquetis rouges. Le plus large, sur l'épaule, porte également des motifs floraux fortement stylisés. Ce rare décor est attesté sur un bol découvert dans la tombe n° 1 de Mawangtui, près de Changsha, aujourd'hui conservé au musée de la province du Hunan (*Mawangtui*, 1973, vol. 2, p. 159 sup.). Cette tombe serait datée d'environ 168 av. J.-C., ou peu après. Par sa typologie, le vase Deydier s'inscrit naturellement dans la production de l'époque des Royaumes combattants (481-221 av. J.-C.) ou au début des Han de l'Ouest (fin IIIe et IIe siècles av. J.-C.).

17.

Coupe à oreilles *erbei*

Bois laqué
H. : 0,069 ; L. : 0,213 ; P. : 0,147
Époque des Han de l'Ouest (206 av. J.-C.-9 apr. J.-C.)
M.C. 9921. Don de M. et Mme Christian Deydier, 1995.
Biblio. : Béguin, 1995, p. 125-127.

Cette coupe à oreilles appartient à un type très répandu à l'époque des Han. Elle témoigne cependant de la production la plus accomplie. Il convient ainsi de noter sa relative grande taille, la qualité de son ton noir intense et la délicatesse des motifs floraux et géométriques, couleur argent, qui décorent les anses et le fin registre qui court en dessous de la lèvre. La composition très graphique de ces motifs, s'organisant en grands losanges et en triangles, serait peut-être un indice pour situer cette coupe dans la première moitié de la dynastie (221 av.-9 apr. J.-C.).

18.

Tripode *ding*

Laque sec
H. : 0,149 ; L. : 0,126 ; P. : 0,103
Chine méridionale
Dynastie des Han (206 av. J.-C.-220 apr. J.-C.)
M.C. 2004-5. Don de Mme et M. Nicole et William Lahmani, 2004.

Parallèlement aux pièces de bois recouvertes de laque, la technique du laque sec (*tuotai*), particulièrement onéreuse et raffinée, est attestée depuis l'époque des Royaumes combattants (481-221 av. J.-C.). Obtenu par une superposition de tissu de chanvre ou de soie et de laque à l'état liquide, ce procédé permet la réalisation d'œuvres d'une extraordinaire légèreté comme le *ding* récemment offert par Mme et M Lahmani, sans doute élément d'un ensemble plus vaste de pièces de vaisselle.

Les poignées latérales verticales particulièrement hautes, inhabituelles à l'époque des Han, sont peut-être un critère d'ancienneté.

À partir du Ve siècle, cette technique permettra la fabrication de statues bouddhiques de grande taille.

19.

Boîte à cosmétiques *lian*

Bois laqué
H. : 0,12 ; D. : 0,205
Époque des Han de l'Ouest (206 av. J.-C.-9 apr. J.-C.)
M.C. 10015. Don de M. et Mme Christian et Agnès Deydier, 1998.
Biblio. : Cat. *L'Art et la matière*, Paris : Oriental Bronzes, 1998, p. 48, n° 25 ; Béguin, 1999, p. 130-131.

Cette boîte possède une âme de bois supportant un revêtement de laque à décor rouge et noir, caractéristique de la dynastie des Han de l'Ouest (206 av. J.-C.-9 apr. J.-C.).

Des boîtes cylindriques comparables ont été découvertes dans la tombe n° 1 de Mawangdui (*Changsha*..., 1973, pl. 176 et 177), également à Zhuijiancun, dans le district de Tianchan, province du Anhui (*Gems*..., 1993, n° 138), et dans la tombe de Wang Yu, à Lolang, dans le nord de la Corée (University of Tōkyō, *cf. Oriental Lacquer*, 1977, n° 215). Elles contenaient des boîtes plus petites de formes variées, elles-mêmes renfermant des objets de toilette et des cosmétiques.

Certaines, richement décorées, sont conservées au musée Idemitsu de Tōkyō (Kanzō, fig. 80), au Bristish Museum (Rawson, 1992, p. 177, fig. 123), et au Fujii Ikuseikai Yūrinkan de Kyōto (*Oriental Lacquer*, 1977, n° 216).

20.

Boîte à peignes (*shubi he*)

Laque sec, argent et bois
H. : 0,047 ; L. : 0,052 ; P. : 0,072
Époque des Han de l'Est (25-220)
M.C. 10016 a à f. Don de M. et Mme Christian et Agnès Deydier, 1998.
Biblio. : Deydier, 1998, p. 49, n° 26 ; Béguin, 1999, p. 131.

Cette boîte en laque sec (*tuotai*) possède une extrémité arrondie en « sabot de cheval » caractéristique des « écrins » de formes variées rangés dans des *lian* comme le M.C. 10015 (cat. 19) qui constituaient des sortes de nécessaires de toilette. L'exemplaire du musée Cernuschi contient encore quatre peignes de bois sculpté. Le motif floral stylisé incrusté d'argent qui orne le couvercle est caractéristique de ce type d'étui. La technique du laque sec qui se généralise à l'époque des Han de l'Est (25-220) et le décor peint en rouge sur fond noir, moins dense mais d'une facture plus libre que sur le *lian* M.C. 10015, indiqueraient une date postérieure.

De nombreuses boîtes en forme de « sabot de cheval » ont été découvertes dans la région de Changsha (Hunan) (*Cf.* par exemple Tregear, 1968, p. 74, n° 115), région probable de leur fabrication. Celles qui possèdent des ornements en argent incrusté sont fréquemment datées de l'époque des Han de l'Est (25-220) par les spécialistes, telle une boîte découverte à Daiye, dans le comté de Laixi (Shandong), aujourd'hui conservée au musée national d'Histoire de Beijing (Yu, 1997, p. 182), ou une autre faisant partie des collections du Linden Museum de Stuttgart (Brandt, 1986, p. 41).

Caractéristiques de l'artisanat de luxe de Chine du Sud, les boîtes en laque de formes diverses contenues dans un *lian* en même matériau étaient exportées dans les régions les plus éloignées de l'empire, par exemple dans la commanderie de Lelang dans le nord de la Corée. De ce site provient un bel ensemble provenant de la tombe de Wang Yu, aujourd'hui conservé à l'université de Tōkyō (*Oriental Lacquer*, 1977, n° 215).

Les peignes en bois, aux crans de diverses tailles, se rencontrent fréquemment dans les tombes de l'époque des Han, certains dans des boîtes en « sabot de cheval » ou dans des *lian* à boîtes multiples. Ainsi en se restreignant à la seule région de Changsha, on peut citer la boîte en bambou contenant un peigne parmi d'autres objets, découverte à Zuojiagong près de Changsha (Tregear, 1968, p. 60, n° III), et une autre découverte en 1953-1954 dans une tombe à l'extérieur des remparts de la ville (Watson, 1960, p. 28, n° 94). Des peignes comparables sont également conservés en Occident, ainsi entre autres dans la Collection du Dr. Paul Singer (Fontein-Wu, 1973, p. 87, n°s 35, 37 et 38), ou dans la collection Meidaozhai (Pirazzoli-t'Serstevens, 2002, vol. 1, p. 225, n°s 148-149).

21.

Plaque avec frise de félins passants

Bronze, néphrite et malachite
H. : 0,096 ; L. : 0,137 ; P. : 0,039
Province du Yunnan
Ancien Royaume de Dian (vers 298-109 av. J.-C.)
M.C. 2001-1. Don de Mme et M. Agnès et Christian Deydier, 2001.
Biblio. : Béguin, 2002, p. 173.

Entre 1955 et 1960, les fouilles du cimetière de Shizhaishan dans le district de Jinning, dans l'est de la province du Yunnan, puis les trouvailles faites entre autres au cimetière de Lijiashan, dans le district de Jiangchuan, révélaient l'existence d'une culture originale de l'âge du bronze remontant aux

derniers siècles du premier millénaire av. J.-C. dans le sud-ouest de la Chine. Ses débuts sont encore entourés d'imprécisions, antérieurs cependant à l'expédition peut-être légendaire du général Zhuang Qiao, originaire du Royaume de Chu et fondateur de la dynastie des rois de Dian (vers 298-280 av. J.-C.) (Pirazzoli-t'Serstevens, 1974, p. 79-80). Les marches méridionales de la Chine dont Dian faisait partie, furent organisées en sept commanderies après 111 av. J.-C. par ordre de l'empereur Wudi des Han (*r.* 140-87 av. J.-C.) et définitivement conquises en 109 av. J.-C. Cette région constituera la préfecture de Yizhou.

Les vestiges exhumés à Shizhaishan s'étagent du début des Han de l'Ouest jusqu'au début des Han de l'Est (IIIe av. J.-C.-début du Ier siècle apr. J.-C.). Les tombes découvertes étaient entre autres caractérisées par de nombreux tambours de bronze, des boîtes cylindriques destinées à contenir des cauris, et des appliques dont certaines ont pu orner des ceintures. Ces œuvres souvent spectaculaires sont conservées au musée de la province de Kunming et au musée national d'Histoire de Beijing. Une partie d'entre elles a été pour la première fois présentée au public occidental au Petit Palais lors de l'exposition *Trésors d'art chinois* en 1973.

Les témoignages de la culture de Dian sont particulièrement rares hors de Chine, ce qui rend la donation de trois plaques ouvragées (cat. 21 à 23) de Mme et M. Agnès et Christian Deydier d'autant plus précieuse.

La plaque rectangulaire ici commentée est surmontée d'une frise ajourée de quatre félins passants. Une micro-mosaïque de malachite et sept barrettes de néphrite en décorent le centre. Ces deux particularités, animaux passant et micro-mosaïque, se rencontrent fréquemment sur les plaques de Dian. On les retrouve ainsi sur deux ornements provenant de Shizhaishan (Pirazzoli-t'Serstevens, 1974, fig. 29).

22.

Plaque de ceinture

Félin attaquant un cervidé
Bronze
H. : 0,067 ; L. : 0,112 ; P. : 0,041
Province du Yunnan
Ancien Royaume de Dian (vers 298-109 av. J.-C.)
M.C. 2001-2. Don de Mme et M. Agnès et Christian Deydier, 2001.
Biblio. : Béguin, 2002, p. 173-174.

Les combats d'animaux sont l'un des grands thèmes de l'iconographie de l'art de Dian. Cette plaque présente ainsi un cerf attaqué par un félin. Malgré son état corrodé, le sens du mouvement et l'expressivité des faciès, la vigueur du traitement et la monumentalité des proportions font de ce petit relief un authentique chef-d'œuvre. La pose du félin peut être étroitement comparée à celle d'un carnassier analogue reproduit par Mme Pirazzoli (1974, fig. 30).

23.

Plaque de ceinture

Bronze
H. : 0,06 ; L. : 0,098 ; P. : 0,041
Province du Yunnan
Ancien Royaume de Dian (vers 298-109 av. J.-C.)
M.C. 2001-3. Don de Mme et M. Agnès et Christian Deydier, 2001.
Biblio. : Béguin, 2002, p. 173-174.

Sur cette plaque, deux hommes cherchent à maintenir un taureau, tandis qu'un troisième personnage, couché sur le sol, s'accroche à la queue de l'animal. Les représentations de bovidés sont très nombreuses dans l'art de Dian. Une plaque du musée national d'Histoire de Beijing, provenant du cimetière de Lijiashan (Yu, 1997, vol. II, fig. 230), et une autre conservée au musée national des Arts asiatiques-Guimet (inv. MA 6836. *Cf.* Delacour, 2001, p. 112-113) représentent les préparatifs d'un sacrifice. Deux protagonistes maintiennent l'arrière-train d'un taureau pendant qu'un acolyte lie la bête au poteau. Cette composition rappelle celle de la plaque du musée Cernuschi, bien que le sujet de cette dernière évoque davantage la capture de l'animal.

Une plaque à la composition similaire, présentant une chasse au tigre, fut découverte en 1991 au cimetière de Lijiashan (Jiangchun) (inv. M.68XI-35-1. *Cf.* Ypicra, 2001, p. 28, fig. 1).

24.

Phalère ornée d'un ours

Bronze doré
H. : 0,013 ; D. : 0,113. D. médaillon central 0,03
IIIe-IIe siècle av. J.-C. Époque de Han de l'Ouest (206 av. J.-C.-9 apr. J.-C.)
M.C. 2004-4. Don de la Fondation Antoni Laurent, 2004.

En 1923, Loo Ching-Tsai faisait don au musée Cernuschi d'un énigmatique ornement circulaire en bronze doré (M.C. 6476). Son décor inhabituel présente un ours couché sur le dos, folâtrant en agitant ses pattes, bien que l'ours, habitant des forêts septentrionales, soit un thème fréquent à l'époque des Han.

Mme Emma Bunker, publiant quatre médaillons comparables conservés dans la Collection Sackler (Inv. V. 3731 ; 72-2-504 ; V. 7151 ; V. 3704. 1997, p. 236, n° 228), identifie ces objets comme des pièces de harnachement, participant d'une mode en usage aux IIIe-IIe siècles av. J.-C.

La plaque circulaire ici commentée, provenant du marché bruxellois, appartient à un tel ensemble et peut être identifiée comme une phalère. Elle porte d'ailleurs au dos l'élément de fixation du mors.

25.

Vase à décor spiralé

Céramique
0,168 ; 0,198 ; 0,154
Ouest de la province du Sichuan
IIIe-IIe siècle av. J.-C.
M.C. 9927. Don de M. Jean-Michel Beurdeley, 1995.
Biblio. : Béguin, 1996, p. 135.

Le legs d'Henri Cernuschi (1896) comporte un vase en bronze de forme énigmatique (M.C. 621). Il attira l'attention d'Henri d'Ardenne de Tizac, qui le publia en 1926 (face p. 257, pl. 64a). Renflé, il possède sur la panse quatre immenses spirales, peut-être d'inspiration végétale, en symétrie en miroir. De nombreux petits vases de même type, mais en céramique, retiennent depuis quelque temps l'œil des amateurs (Beurdeley, 1974, p. 45, fig. 26). Certains sont depuis longtemps conservés dans les musées occidentaux tels le Bristish Museum (inv. 1932.2-16.1. *Cf.* Ayers – Fromentin – Paul-David – Tamburello, 1984, pl. 13), le Honolulu Museum of Art (inv. 1023-1. Bromberger Coll., *cf. Sekai Toji Zensha*, vol. 8, pl. 4) et quelques collections privées (Krahl, 1994, vol. 1, n° 65 ; Pirazzoli-t' Serstevens, 2002, p. 89-90, n° 192-193). D'autres sont apparus sur le marché plus récemment (Christie's, Londres, 4 décembre 1995, n° 50 ; Sotheby's, Londres, 5 décembre 1995, n° 205 ; Beurdeley, *Arts d'Asie*, 22 janviers 1996, n° 2 ; Christie's, New York, 18 septembre 1997, n° 337 ; Christie's, Amsterdam, 12 mai 1999, n° 182-183). On connaît un exemplaire en céramique décoré de médaillon en bronze (*Orientations*, vol. 34, n° 9, nov. 2003, Weisbod Chinese Art).

Ces pièces sont souvent d'un beau noir luisant, d'autres possèdent des teintes variées, du beige pâle comme ici, au gris mat. De telles œuvres ont été découvertes dans le Sichuan occidental, à Lixian et dans les villages de Bieli et Lesli (district de Maowen dans le Haut Minjiang). Placées à côté des défunts dans les tombes à cistes, et sans doute exécutées par des populations non Han, elles remontent aux époques des Royaumes combattants, des Qin et des Han.

26.

Lampe funéraire

Terre cuite
H. : 0,475 ; L. : 0,225x P. : 0,205
Confins des provinces du Guangzhou, du Guizhou et du Guangdong
Époque des Han (206 av. J.-C.-220 apr. J.-C.)
M.C. 10017. Don de M. et Mme Christian et Agnès Deydier, 1998.
Biblio. : Deydier, 1992, p. 56-59, n° 18 ; Béguin, 1999, p. 131.

Cette lampe funéraire à trois branches constitue un objet d'une grande originalité. Quatre dragons s'enroulant les uns dans les autres et un petit personnage hermaphrodite, barbu mais à la poitrine accusée, en constituent les traits les plus marquants. Un personnage hermaphrodite analogue, tenant également sur sa tête une lampe à huile, a été exhumé au Guangzhou (*The Collections of Antiquities...*, 1991, p. 35).

27.

Base de lampe funéraire
Immortel taoïste

Bronze
H. : 0,241 ; L. : 0,113 ; P. : 0,132
Chine méridionale (provinces de Anhui, Guangdong ou Guangxi)
Époque des Han de l'Est (25-220)
M.C. 9905. Achat, 1993.
Biblio. : Bobot, 1994, p. 110-111 ; Béguin, 2000-b, p. 83.

Sous la dynastie des Han, des traités tels la *Biographie des Immortels* (*Liexianzhuan*) compilée par Liu Xiang à la fin du Ier siècle av. J.-C., attestent de la croyance en d'innombrables êtres immortels qui, ayant longtemps vécu dans des zones inaccessibles, se manifestent sous différentes identités au cours des siècles. Redoutables entités dont il convient de s'attirer les faveurs, les Immortels jouent un rôle dans la montée de l'âme (*hun*) au ciel. Leurs représentations sont nombreuses à l'époque des Han. Ils décorent ainsi la base de lampes à huile destinées aux tombeaux (Rawson, 1996, p. 176, n° 86). Ils sont désignés par l'expression *xian* (immortel) ou *yuren* (homme-oiseau). C'est à cette dernière catégorie qu'appartient l'Immortel du musée Cernuschi. Il possède en effet la plupart des traits de leur iconographie. Ailé, le visage émacié aux pommettes saillantes, au nez aquilin et au menton pointu, le personnage possède des oreilles démesurément longues et des sourcils dessinant de grands arcs de cercle fortement marqués. On attribue de plus à ces êtres mythiques, entre autres caractères physiques merveilleux, des pupilles carrées.

L'Immortel du musée Cernuschi repose sur un socle orné de chimères ailées. Les triangles du registre inférieur étroitement juxtaposés permettent de rattacher cette base de lampe à une production de Chine méridionale.

Plusieurs supports de lampe en forme d'Immortel, quasi identiques à celui du musée Cernuschi ont été retrouvés à Datong, district de Wuzhou (Guangxi) (*Wenwu*, 1977, 2, repris par S. Erickson, 1994, p. 62, fig. 16) et à Fengshulin, district de Qichun (Hubei) (Hubei…, 1999), et à Jiuzhiling, district de Hepu (Guangxi) (Gzarat, 2003, pl. couleurs, fig. 1).

28.

Extrémité d'essieu (*wei*)

Bronze incrusté d'argent
H. : 0,078 ; D. : 0,07
Fin de l'époque des Royaumes combattants (481-221 av. J.-C.)
M.C. 10042. Achat, 1999.
Biblio. : Deydier, 1998, p. 20-21, n° 8 ; Béguin, 2000, p. 156.

Les incrustations de métaux précieux rehaussent nombre de pièces de prestige des époques des Royaumes combattants (481-221 av. J.-C.) et des Han de l'Ouest (206 av. J.-C.-9 apr. J.-C.) et constituent autant de témoignages du goût raffiné des élites aristocratiques. Les chars de guerre, souvent offerts par les vassaux afin d'être ensevelis dans la tombe de leur suzerain, sont ainsi l'objet de toutes les attentions des ornementistes.

L'extrémité d'essieu du musée Cernuschi possède des motifs en zigzag caractéristiques de l'époque des Royaumes combattants. Ce décor et la morphologie de la petite tête de tigre qui s'adapte au niveau de la moulure intérieure se rencontrent d'une manière quasi identique sur une extrémité d'essieu conservée dans la collection d'Axel et Nora Lundgren (Gyllensvärd, 1977, p. 11, pl. 16b).

De tels essieux incrustés sont nombreux en Occident. Citons parmi de nombreux exemples, celui du Royal Ontario Museum (*Homage*..., 1992, p. 109, n° 60) qui proviendrait de Jincun près de Luoyang (Henan). Ce décor perdura à l'époque des Han de l'Ouest comme en témoignent les ornements de chars retrouvés dans une tombe adjacente à celle de Huo Qubing (140-117 av. J.-C.) à Maoling, district de Xingping (Shaanxi) (Michaelson, 1999, p. 41).

29.

Ornement de manche de parasol

Bronze incrusté
H. : 0,28 ; D. : 0,055
Époque des Han de l'Ouest (206 av. J.-C.-9 apr. J.-C.)
M.C. 10041. Achat, 1999.
Biblio. : Deydier, 1998, p. 20-21, n° 7 ; Béguin, 2000, p. 156-157.

Cet ornement cylindrique a sans doute orné l'extrémité inférieure du manche du parasol abritant le cocher d'un char et son propriétaire. Il porte un somptueux décor chantourné à la répartition rigoureusement symétrique. Des ornements comparables décorent plusieurs pièces découvertes à Fuling au Sichuan (*Wenwu*, 1974, 5, p. 61-80, fig. 39 et 40).

Au-delà d'éventuelles différences stylistiques propres aux divers ateliers régionaux, il serait tentant de reconnaître dans cette répartition rigoureuse des motifs un indice de datation, comme un désir de renouvellement après l'emploi durant plusieurs siècles de compositions systématiquement en biais. Ainsi de telles œuvres pourraient dater de la fin de la période des Royaumes combattants (481-221 av. J.-C.), ou de la dynastie des Qin (221-207 av. J.-C.) mais plus vraisemblablement du début de la dynastie des Han de l'Ouest (206 av. J.-C.-9 apr. J.-C.).

Les pièces de comparaison sont nombreuses. Citons le célèbre tube de la collection Eumorfopoulos, entré au Bristish Museum dans la succession Seligman (inv. OA 1973-7-23-46), plusieurs fois reproduit (*cf.* entre autres O. Sirèn, 1929, pl. 48 b) et présenté dans la célèbre exposition de Londres de 1935 (*Cat...*, 1935, p. 32, n° 240). Un autre est conservé au City Art Museum de Saint Louis (Elisseeff, 1979, p. 122, fig. 47). Ces dernières années, plusieurs ornements cylindriques analogues au nôtre ont été présentés sur le marché. Certains ne possèdent qu'une bague en leur milieu (Coll. particulière, Hong Kong,

cf. Rawson et Bunker, 1990, p. 184, nº 94 ; galerie Kaikodo, New York, *cf. Orientations*, 1997, vol. 28, nº 8, p. 2). D'autres portent deux bagues supplémentaires de moindre importance, divisant ainsi le cylindre en quatre parties parfois inégales mais toujours symétriques (Sotheby's, 3 juin 1992 ; galerie Gisèle Croës, Bruxelles, *cf. Orientations*, 1995, vol. 26, nº 10, deuxième de couverture ; galerie Gisèle Croës, Bruxelles, *cf.* « Ritual, Food Vessels » in *Early China Selected Objects*, New York, 1999, p. 54-55).

Il convient de noter que le vendeur de l'ornement cylindrique du musée Cernuschi a entre les mains deux autres tubes de même style (Deydier, 1991, p. 46-47, nº 11 ; Li Allan, 1995, p. 395, nº 149).

30.

Boucle de ceinture (*yaodai kou*)

Or incrusté de pierres fines
H. : 0,064 ; L. : 0,105 ; P. : 0,011
Chine septentrionale
Époque des Han de l'Ouest (206 av. J.-C.-9 apr. J.-C.)
M.C. 9922. Achat avec la participation de LVMH – Moët-Hennessy – Louis Vuitton, 1995.
Biblio : Béguin, 1995, p. 119, 125-126 ; 2000-b, p. 70-71, 204.

L'œuvre est constituée d'une mince feuille d'or martelée, ornée de pierres fines dont plusieurs turquoises. La plaque était placée sur une âme rigide, sans doute du cuir. Des traces de matières organiques subsistent d'ailleurs par endroits au revers. La forme, caractéristique des boucles de ceintures de l'époque des Han (206 av. J.-C.-220 apr. J.-C.) présente un renflement à l'extrémité droite qui souligne la fente verticale qui permettait le passage du tissu. Le point de fixation de l'ardillon est bien visible. Mme Nathalie Frémaux, secrétaire administrative du musée Cernuschi, nous signale une planche dessinée reproduite par Sun Ji (1994, n° 1, p. 62) qui montre la manière dont la ceinture de tissu, attachée à l'une des boucles, était introduite dans la fente de la seconde boucle. Maintenu par l'ardillon, le tissu était replié une première fois dans l'autre sens, puis noué sur lui-même, l'extrémité retombant à la verticale.

De telles boucles ont été découvertes aussi bien dans le Hunan, le Xinjiang que dans la préfecture de Lelang, dans le Nord de la Corée (White – Bunker, 1994, p. 20-21, fig. 9 et 10 ; Cat. *Korea*, 1993, p. 186, fig. 15). Le décor de la boucle du musée Cernuschi se démarque cependant des autres plaques ornées de dragons entrelacés, au corps plus ou moins spiralé. Il représente un couple de félins. La femelle, à droite, se retourne afin de faire face à un mâle reconnaissable à son ample crinière, bondissant, la patte droite levée. L'identité des fauves peut être objet de discussion. Les stries verticales sur la robe évoquent des tigres, mais, dans une telle hypothèse, la crinière du mâle n'obéit à aucune plausibilité naturaliste et ne peut s'expliquer que dans un contexte mythique ou purement décoratif. Des spirales et d'autres animaux couvrent le reste de la surface de la boucle. On reconnaît aussi un oiseau (?) en haut à gauche, un dragon (?) en haut à droite et deux serpents le long du bord gauche. Un tigre en marche décore une boucle de ceinture reproduite par Sun Ji (1994, p. 57, n° 3). Il en est de même d'une bête fantastique, ailée, à la tête de félin et à la robe tigrée (Sun, 1994, p. 57, n° 2). La lutte des carnassiers de la boucle Cernuschi évoque néanmoins l'art des pasteurs nomades, et de tels motifs exotiques étaient à la mode à l'époque Han à l'intérieur des frontières de l'Empire. D'autres pièces d'orfèvrerie exécutées en Chine étaient expédiées dans les contrées septentrionales et faisaient partie des objets précieux appréciés des princes Xiongnu ou d'autres chefs barbares.

31.

Paire de poignées ornées de félins

Bronze doré
2000-7 a : H 0,081 ; L. : 0,211 ; P. : 0,024
2000-7 b : H. : 0,077 ; L. : 0,207 ; P. : 0,026
Chine méridionale
Époque des Han de l'Ouest (206 av. J.-C.-9 apr. J.-C.)
M.C. 2000-7 a et b. Achat, 2000.
Biblio. : Deydier, 1996, p.62-67, n° 3 ; Béguin, 2001, p. 131.

Ces poignées sont peut-être les objets les plus précieux achetés ces dernières années par la Ville de Paris pour le musée Cernuschi.

Les ajours présentent un félin rampant, au corps sinueux et à la musculature vigoureuse, comme il est fréquent sur nombre d'œuvres de l'époque des Han. Leur silhouette évoque celle des poignées des coupes à oreilles (*erbei* ou *yueshang*), récipients caractéristiques de la période. Sur chacune des deux pièces, le bord incurvé intérieur présente une double paroi dans laquelle devait s'insérer la coupe elle-même, sans doute en bois laqué.

Bien que de dimensions voisines, de légères différences dans la découpe et dans la mouluration laisseraient supposer que les poignées proviennent du même service, mais pas de la même pièce. Les tombes de l'époque des Royaumes combattants (481-221 av. J.-C.) et des Han de l'Ouest, particulièrement dans le sud, contenaient des ensembles cohérents de récipients parfois conservés dans une même boîte, comme dans la tombe n° 1 de Mawangdui (Daoulas, 1992, p. 135, n° 165), ou dans la tombe n° 168 de Fenghuangshan (Jiangling, Hubei) (Teng, 1992, p. 75, n° 83). Si la présence d'anneaux de préhension ou d'incrustations de plaques d'argent se remarque fréquemment sur les plaques Han, l'adjonction de poignées en bronze doré aussi élaborées devait faire de la coupe à laquelle se rattachaient les deux anses une pièce exceptionnelle.

32.

Gourde plate *bianhu* pour les boissons fermentées

Bronze
H. : 0,275 ; L. : 0,305 ; P. : 0,08
Chine
Époque des Han de l'Est (25-220)
M.C. 9939. Don de Josette et Théo Schulmann, 1997.
Biblio. : Béguin, 1998, p. 85-86.

Ce type particulier de bouteille *hu*, aux côtés renflés et de section plate, évoquant la gourde des pasteurs nomades, apparaît à la fin du Ve ou au début du IVe siècle av. J.-C. en Chine septentrionale (Pirazzoli-t'Serstevens, 2002, p. 36). Les parois de ces *bianhu*, décorées de panneaux disposés en quinconce, portent de délicats motifs vermiculés. Le musée Cernuschi fit l'acquisition en 1986 d'un bronze caractéristique de ce modèle (inv. M.C. 9778. *Cf.* Bobot, 1992, p. 56-57, no 25).

Sous une forme simplifiée comme ici, les *bianhu* firent partie de nombreux mobiliers funéraires. Henri Cernuschi acheta l'un d'entre eux (M.C. 60), de couleur noirâtre car décapé de tout oxyde selon les anciennes pratiques chinoises de conservation. Le *bianhu* Schulmann au contraire a conservé sa délicate patine, aux coloris subtils.

33.

Dignitaire (*wenli yong*)

Bois (*picea asperata*)
H. : 0,358 ; L. : 0,113 ; P. : 0,087
District de Wuwei (?), province du Gansu
Époque des Han de l'Est (25-220)
M.C. 9929. Don anonyme, 1996.
Biblio. : Béguin, 1997, p. 130-131.

L'œuvre est à rapprocher des fameux bois découverts dans le district de Wuwei au Gansu, principalement dans la nécropole de Mozuizi. Le musée Cernuschi possède un ensemble diversifié de ces bois, certains donnés par M. Jacques Barrère (M.C. 9853, M.C. 9854, M.C. 9866 à 9869), d'autres acquis à titre onéreux (M.C. 9829, M.C. 9871, M.C. 9872. *Cf.* Bobot, 1992, p. 108 à 125). Ce dignitaire complète avec bonheur cet ensemble.

Trois articles permettent de mieux appréhender cette production originale : Dang Gudong, 1978, Long Xuli [s. d.] et Liu Qijun, 1988.

Le personnage ici commenté possède un nez busqué comme certains proto-turcs d'Asie centrale. Il est coiffé d'un chapeau de fonctionnaire chinois. Il porte une robe à larges manches. La polychromie ancienne subsiste par endroits. Un galon souligne le col et l'échancrure du vêtement. Au dos, quelques traits fins et déliés dessinent un réseau d'énigmatiques petits carrés et non des plis drapés.

Comme les pièces précédemment entrées dans les collections de la Ville de Paris, la sculpture est taillée dans une espèce particulière d'épicéa fréquente au Gansu (*picea asperata*), aujourd'hui totalement déshydraté (Lim-Béguin, 2001). Plus personnalisé que les petits personnages M.C. 9866 et M.C. 9867 (Bobot, 1992, p. 111, 113, n° 43a), réduits à l'état de simples silhouettes, et moins géométrisés que l'homme assis sur les talons M.C. 9871 (Bobot, 1992, p. 108-109, n° 42), le nouveau dignitaire du musée Cernuschi possède une présence et une certaine monumentalité originale dans ce contexte.

Cat. 33, détail.

34.

Arbre d'immortalité

Bois (*picea asperata*)
H. : 0,93 ; L. : 0,49 ; P. : 0,49
District de Wuwei (?), province du Gansu
Époque des Han de l'Est (25-220)
M.C. 10018. Don de Jacques Barrère S.A., 1998.
Biblio. : *Woods*..., 1998 ; Béguin, 1999, p. 131-132.

L'arbre, qui a conservé des traces de polychromie noire et blanche, est totalement démontable. Les diverses pièces s'emboîtent grâce à des tenons et des mortaises.

Les arbres d'immortalité (*shenminshu*) étaient, à l'époque des Han, placés dans les tombes. Les plus connus sont les arbres à sapèques caractéristiques de la période, portant sur les branches des piécettes de monnaie, gages de prospérité. Les sépultures de la province du Sichuan en ont livré un assez grand nombre. Ici le thème est autre, supporté par une symbolique différente. Les branches portent des paons stylisés, dessinés en noir sur fond blanc. Le paon est dans la mythologie chinoise associé à Xiwangmu, la Reine-Mère de l'Ouest, qui dans sa résidence mythique des Monts Kunlun possède un verger de pêchers dont les fruits accordent la longévité. À l'époque des Han de l'Est, ce thème, comme celui des Immortels qui lui est lié, est particulièrement répandu.

L'œuvre, rare par son iconographie et exceptionnelle par sa taille, complète avec bonheur l'ensemble important de sculptures en bois déshydraté déjà conservées au musée, provenant de la province du Gansu et traditionnellement attribuées au district de Wuwei.

35.

Huit statuettes d'hommes nus

Terre cuite
M.C. 10034 : H. : 0,607 ; L : 0,09 ; P. : 0,09 ; M.C. 10035 : H. : 0,618 ; L 0,09 ; P. : 0,085 ; M.C. 10036 : H. : 0,612 ; L : 0,095 ; P. : 0,092
M.C. 10037 : H. : 0,592 ; L : 0,095 ; P. : 0,095 ; M.C. 10038 : H. : 0,611 ; L : 0, 87 ; P. : 0,09 ; M.C. 10039 : H. : 0,588 ; L : 0,093 ; P. : 0,105
M.C. 10040 : H. : 0,588 ; L : 0,092 ; P. : 0,11 ; M.C. 2002-5 : H. : 0,575 ; L : 0,094 ; P. : 0,10
Province du Shaanxi
Époque des Han de l'Ouest (206 av. J.-C.-9 apr. J.-C.)
M.C. 10034 à M.C. 10040, M.C. 2002-5. Dons de Mme Suzanne Held, en mémoire de Jean Held, 1999 et 2002.
Biblio. : Béguin, 2000, p. 157-158 ; 2003, p. 122-123.

Ces statuettes en terre cuite ont conservé en partie leur polychromie couleur chair. Nues, elles étaient autrefois complétées par des vêtements et des armures véritables, à la manière des *mingqi* de bois retrouvés dans la tombe n° 1 de Mawangdui (Daoulas, 1992, p. 125, n° 151). Les épaules perforées devaient supporter des bras en bois articulés.

De telles statuettes sont parvenues en Europe depuis de nombreuses décennies et intriguaient les amateurs par leur aspect incongru (ancienne Collection Beurdeley. *cf.* Beurdeley, 1974, p. 61, n° 41 ; musée Guimet, MA 6141, ancienne Collection Lionel Jacob, *cf. Chine des origines*, 1994, p. 150, n° 60 ; Asiatic Art de San Francisco, inv. 1991-33, *cf.* Li, 1996, p. 65, 112, n° 63). D'autres étaient conservées dans les musées chinois sans que l'on connaisse leur origine (Rawson, 1996, p. 167-168, n° 79).

Les fouilles menées, à partir de mai 1990, à Yangling, à cheval sur le territoire de la ville de Xianyang et les districts de Jingyang et de Gaoling (Shaanxi), aux abords de la tombe de l'empereur Jingdi (*r.* 157-141 av. J.-C.) de la dynastie des Han de l'Ouest (206 av. J.-C.-9 apr. J.-C.), sont d'un enseignement précieux. De telles effigies retrouvées par milliers étaient rassemblées dans des fosses et constituaient des régiments protégeant l'accès du tumulus. La gangue de terre qui entourait ces fantassins portait parfois l'empreinte des lamelles constituant leur armure, d'une tunique en tissu et de bandes molletières (Wang, 1992 ; Rawson, 1996, p. 167-168).

En 2000, un choix de quelques-unes d'entre elles, d'une qualité parfaite, était présenté à Paris (Béguin-Laureillard, 2000, p. 249-251, n° 97).

Les statuettes offertes par Mme Held, acquises au fil des années au gré des coups de cœur et des aléas du marché, ne forment pas un groupe cohérent. Des variantes dans les dimensions et dans les faciès, tantôt fins et racés, tantôt lourds, aux pommettes saillantes, s'expliquent par des provenances multiples. Elles permettent néanmoins d'évoquer les armées qui à l'époque des Qin (221-207 av. J.-C.) et à l'époque des Han de l'Ouest (206 av. J.-C.-9 apr. J.-C.) veillaient sur le repos des souverains et de leur parentèle.

Cat. 35, détail.

36.

Paysan vêtu d'une tunique

Terre cuite
H. : 0,568 ; L. : 0,94 ; P. : 0,089
Province du Shaanxi
Époque des Han de l'Ouest (206 av. J.-C.-9 apr. J.-C.)
M.C. 2002-6. Don de Mme Suzanne Held, en mémoire de Jean Held, 2002.
Biblio. : Béguin, 2003, p. 122-123.

Le personnage est vêtu d'une sorte de robe descendant jusqu'aux genoux. Aucune marque ne souligne la taille ou le col. On ignore donc la forme exacte de cette tunique dont les particularités autrefois peintes sont aujourd'hui effacées. Les dimensions et les traits « mongoloïdes » du visage rapprochent cette statuette des guerriers nus, bien qu'on ignore les fonctions du personnage dans la maison du défunt : fantassin, serviteur ou gardien de troupeaux.

Oie couchée

Terre cuite
H. : 0,334 ; L. : 0,487 ; P. : 0,204
Chine septentrionale
Époque des Han de l'Ouest (206 av. J.-C.-9 apr. J.-C.)
M.C. 9913. Don de la Fondation Elf, 1993.
Biblio. : Bobot, 1994, p. 114 ; Béguin, 2000, p. 74, 75, 204.

De l'époque des Han de l'Ouest (206 av. J.-C.-9 apr. J.-C.), subsistent plusieurs objets en forme d'oie, thème considéré comme un symbole de prospérité. On connaît ainsi des lampes funéraires en forme d'oie. Citons pour mémoire la paire provenant de la tombe de Hepu, au Guangxi (Pirrazzoli-t'Serstevens, 1982, p. 88, fig. 54) ou celle à volet pivotant découverte à Zhaoshiba, dans le district de Pingshuo au Shanxi, et conservée au musée de Taiyuan (Lee, 1998, no 53).

Plus rares sont les verseuses en terre cuite en forme d'ansère. L'exemplaire du musée Cernuschi est le plus grand et le mieux conservé connu. Les rehauts de polychromie en grande partie préservés soulignent le mouvement des pattes et évoquent par de savants entrelacs les plumes du cou et du jabot. Ils jouent avec le fond gris de la terre cuite. La matière de couleur gris foncé laisse supposer une origine septentrionale (Shanxi ?). Il convient de comparer l'oie du musée Cernuschi avec une pièce identique, mais moins bien conservée, provenant de la région de Luoyang (Henan) et faisant aujourd'hui partie de la collection de Mme Charlotte Weber, en dépôt au Metropolitan Museum de New York (inv. L. 1996-79-4). On peut également citer la petite ansère de la collection Meidaozhai (Pirrazzoli-t'Serstevens, 2002, p. 100, nº 201).

Sous la dynastie des Han de l'Est (25-220), de nombreux *mingqi* représenteront des canards et des oies, souvent en rapport avec des *modello* figurant des domaines agricoles. La fabrication des pièces de grande taille représentant des volailles sera, pense-t-on, abandonnée à cette époque.

38.

Vase carré *fanghu*

Terre cuite
H. : 0,54 ; L. : 0,15 ; P. : 0,22
Chine septentrionale
Époque des Han de l'Ouest (206 av. J.-C.-9 apr. J.-C.)
M.C. 9915. Don de M. Jean-Michel Beurdeley, 1994.
Biblio. : Bobot, 1994, p. 115-116.

Paire de vases carrés *fanghu*

Terre cuite
M.C. 9918 a et b : H. : 0,435 ; L. : 0,202 ; P. : 0,195
M.C. 9918 c et d : H. : 0,439 ; L. : 0,196 ; P. : 0,194
Chine septentrionale
Époque des Han de l'Ouest (206 av. J.-C.-9 apr. J.-C.)
M.C. 9918 a et c. Don de la Société des Amis du musée Cernuschi
avec la participation d'un amateur anonyme, de M. Patrice Vergé, de Mme Gisèle Croës, 1995
M.C. 9918 b et d. Achat, 1995.
Biblio. : Béguin, 1995, p. 124.

Ce type de vases est parfois appelé *hu* carré et couvert (*gaifanghu*) mais on les désigne le plus souvent par le terme *fanghu*. Nombre d'entre eux ont conservé leur délicate polychromie.

De nombreuses fouilles permettent de situer plus précisément leur lieu d'utilisation et sans doute de fabrication. La couleur sombre de leur terre indique une provenance septentrionale, au Henan et au Shaanxi (Bobot, 1994, p. 116 ; *The Team of Relics*..., 2002, p. 7-11).

Les *fanghu* peints sont particulièrement nombreux dans les collections occidentales. L'un des plus anciennement connu en France a fait partie de la célèbre collection Jean Sauphar (Ardenne de Tizac, 1926, pl. 78). Ils obéissent à deux grands types. La paire offerte au musée en 1995, aux formes ramassées, reste par ses proportions proche de modèles métalliques. Le vase Beurdeley quant à lui, plus élancé, témoigne d'une plus grande originalité. L'un des *hu* les plus anciennement publiés appartenant à ce second type est conservé dans les collections publiques suédoises (Sirèn, 1929, t. II, pl. 85 a).

Les décors peints, plus ou moins fins et inventifs, comme en témoignent les anneaux de préhension en trompe-l'œil, évoquent tout à la fois des incrustations de métaux précieux tels que sur le célèbre *hu* découvert dans la tombe de Liu Sheng, à Mancheng (Hebei), mais également les motifs délicats qui ornent les pièces laquées originaires de Chine méridionale, telles celles découvertes dans la tombe n° 1 de Mawangtui, près de Changsha. La terre cuite peinte, beaucoup plus économique que des matériaux de luxe, aurait eu la préférence de nombreuses familles désireuses d'honorer leurs morts dans la dignité mais sans trop d'excès somptuaires.

À titre de curiosité, il convient de citer deux petits *fanghu* inhabituels en bronze peint dans la collection Meidaozhai (Pirrazzoli-t'Serstevens, 2002, p. 42, n° 159-160).

39.

Pilier de chambre funéraire

Terre cuite estampée
H. : 1,43 ; L. : 0,18 ; P. : 0,175
Chine septentrionale
Époque des Han de l'Est (25-220)
M.C. 2000-6. Don de la Fondation Antoni Laurent, 2000.
Biblio. : Béguin, 2001, p. 131-132.

Ce pilier est la dernière pièce venue compléter le riche ensemble de briques et de piliers estampés conservés au musée, précieux témoignages de l'aménagement des tombes à l'époque des Han.

Ce pilier, aux motifs d'une grande vivacité, porte sur la face avant, dans sa partie supérieure, un masque de *taotie*. Les quatre côtés sont décorés de thèmes variés et habituels sur ce type de briques, tels des chars, des dragons, des félins pourchassés par des cavaliers tirant à l'arc, des pavillons, des domestiques, des arbres lancéolés, etc. Les chars et les cavaliers se retrouvent sur une brique de l'époque des Han de l'Ouest découverte dans le district de Yu, dans la province du Henan (*Henan Handai*..., 1995, fig. 107). Les chars, les serviteurs apportant des plats pour un banquet et les arbres stylisés figurent sur deux briques, datant également de l'époque des Han de l'Ouest, de la Collection Lucie Maud Buckingham, aujourd'hui à l'Art Institute de Chicago (Inv. 1924-447 et 449. *Cf.* James, 1993, p. 69 et 70). La chasse à courre évoque une scène analogue sur une tuile retrouvée à Lintong au Shaanxi (*cf. Kaogu*, 1975/6, p. 336, fig. 2 et 3, reprise par Fong, 1979, p. 27-38).

40.

Musicien céleste (*Jiye tian*)

Grès
H. : 0,435 ; L. : 0,30 ; P. : 0,03
Yungang (?), province du Shanxi
Avant 480. Dynastie des Wei du Nord (386-535)
M.C. 10013. Achat grâce aux Amis du musée Cernuschi, à M. François Pinault, à M. et Mme Yves Mahé, à M. Jacques Barrère, à la Fondation Antoni Laurent et à un groupe de quarante-sept amateurs, à l'occasion du centenaire du musée, 1998.
Biblio. : Béguin, 1999 a, p. 127-128 ; 1999 b ; 2000, p. 91-92 204.

Grâce à la générosité de Léon Wannieck, le musée Cernuschi conserve depuis 1922 une statue plus grande que nature d'un *bodhisattva* assis les jambes pendantes qui a été identifié parfois à Maitreya (M.C. 6332). Comme deux statues comparables conservées au Metropolitan Museum de New York (Inv. 22-134 et 48-162-2), il proviendrait de la caverne n° 15a de Yungang en grande partie éboulée (Seiichi-Toshio, 1952, vol. XI, text. fig. 36).

Malgré d'évidentes analogies stylistiques, il est impossible, pour ce bas-relief représentant un « Musicien céleste » d'établir une provenance aussi précise. Son pedigree moderne par contre est connu. En France depuis les années trente, ayant fait partie du fonds Loo Ching-Tsai, le « Musicien céleste » fut vendu par la célèbre galerie de la rue de Courcelles en 1963, comme en témoigne la couverture du catalogue *Regards sur l'Asie. XIIe siècle avant J.-C. au XIIIe siècle après J.-C.*, où la pièce portait le numéro 148. Le collectionneur parisien qui l'acquit alors la conserva jusqu'à son entrée dans les collections municipales.

Le relief faisait partie des groupes de divinités volantes et musiciennes qui pouvaient décorer les arcatures surmontant les ouvertures ou les niches abritant les statues des *buddha* ou des *bodhisattva*. La déité joue du *pipa*, instrument à cordes originaire d'Asie centrale mais adopté à date ancienne par la Chine. Les cavernes de Yungang présentent de nombreux groupes de musiciens, particulièrement les grottes n° 6, 8 et 16, qui ne sont pas sans affinités avec le musicien du musée Cernuschi. Certains possèdent le même mouvement dynamique que la nouvelle pièce parisienne. Si le drapé constitué de larges plis incisés et l'expression souriante du visage participent du premier style de Yungang, fortement influencé par les écoles du Gandhāra et de Mathurā, ses traits émaciés révèlent une date plus récente, peut-être juste avant la mutation stylistique de 480, comme en témoigne l'aménagement de la caverne n° 6 commandité par l'impératrice-mère d'origine chinoise, régente durant la minorité de Xiaowendi (*r.* 471-499). Les sculptures présentent, entre autres innovations, des drapés en pointes latérales symétriques, peut-être à l'imitation de la mode de la cour de Nanjing. Ce style va peu à peu s'accentuer. Les corps perdront leur densité, s'amincissant à l'extrême. Les visages allongés et creusés, comme ravagés par l'ascèse, traduisent une intériorité mystique, plus intense encore dans la statuaire de Longmen, site rupestre aménagé près de la nouvelle capitale, Luoyang, choisie comme résidence de la cour en 493. Yungang restera cependant en activité jusqu'en 525, date de la dernière inscription de l'époque des Wei du Nord (386-534).

Peu d'aménagements à Yungang présentent les deux caractéristiques principales de la pièce parisienne, des drapés participant encore du premier style et un visage émacié spécifique du second style à son apogée. Les visages circulaires, presque poupins, se maintiennent dans la caverne n° 6, premier témoignage du style nouveau. Seul le groupe de grottes et de niches n° 11, particulièrement la caverne n° 11a, possèdent des sculptures proches du « Musicien céleste » (Seiichi-Toshio, 1952, vol. VIII, pl. 17 à 51 ; vol. X, pl. 53 à 77, 89). Cet ensemble de cavernes très mal conservées était précédé de vestibules en grande partie disparus.

L'acquisition du « Musicien céleste », bien que bénéficiant d'un crédit de la Ville de Paris, a été rendu possible par une contribution importante de la Société des Amis du musée Cernuschi, auxquels se sont joints M. François Pinault, M. et Mme Yves Mahé, M. Jacques Barrère, la Fondation Antoni Laurent et divers amateurs. Il convient ainsi de rendre hommage à M. Jean Barthélémy, M. Chafik Bendahou, Mme Catherine Bernard, Mme Jacqueline Berthelot-Blanchet, M. Jean-Michel Beurdeley, Mme Régine Brawerman, Mme Dominique Collet, Mme Édith Désaleux, M. et Mme Christian Deydier, M. Michel Jacob et Mme Marie-Agnès Dufour, Mme Catherine Forestier-Flageul, M. et Mme René Géraud de La Tour d'Auvergne, M. et Mme Jacques Girault, M. Paul Haim, Melle Annick Hamet, M. et Mme Robert Jera-Bezard, M. et Mme Jourdan-Barry, M. et Mme Jacques Kerchache, M. Antoon Krings, Mme Denise Lavayssière, M. Pierre Ledoux, Mme Geneviève Mancy, Mme Myrna Myers, M. Jacques Péribère, M. Guy Petibon, Docteur Pierre Recher, M. et Mme Jean-Pierre Rousset, M. Édouard Samuel, M. et Mme Nicolas Schlumberger, M. et Mme Shibata, M. et Mme Jacques Touron, M. et Mme Hubert Treuille, M. Mike Winter-Rousset, M. François de Wissocq et M. Zao Wou-Ki.

Le « Musicien céleste » constitue l'unique témoignage, dans les collections du musée Cernuschi, de l'art bouddhique narratif.

41.

Bête gardienne du tombeau (*zhenmushou*)

Terre cuite polychrome
H. : 0,29 ; L. : 0,196 ; P. : 0,118
Chine septentrionale
Seconde moitié du ve siècle. Dynastie des Wei du Nord (386-535)
M.C. 9941. Don de Josette et Théo Schulmann, 1997.
Biblio. : Béguin, 1998, p. 86.

À l'époque des Han de l'Est (25-220), parmi les statuettes placées dans les tombeaux, un guerrier, le bras levé tenant une lance en matériau périssable, se livre à un rite d'exorcisme afin de protéger des influences maléfiques la demeure de l'âme sensitive (*po*). À l'époque des Jin de l'Ouest (265-316), son visage sera armé d'une expression terrifiante, peut-être due au port de masque lors de la cérémonie.

Ce protecteur, associé à un animal monstrueux, au dos cornu, prendra peu à peu une importance accrue. On dédoublera ce gardien du tombeau (*zhenmuyong*). De même, deux créatures fantastiques, « bêtes gardiennes de tombeau » (*zhenmushou*) l'accompagneront.

Le *zhenmushou* Schulmann appartient à un type largement répandu. Il possède un corps de chien, une tête humaine. Il a conservé les trois cornes des créatures fantastiques plus anciennes. Sa grande taille relative et des restes de la polychromie qui confèrent au visage une réelle présence le rendent particulièrement impressionnant. Les pièces de cette facture sont le plus souvent placées par les spécialistes dans la deuxième moitié du ve siècle.

À partir du VIe siècle, deux *zhenmushou*, l'un à tête humaine, l'autre à tête animale, protègent les accès des chambres funéraires. Une paire d'entre eux, à la typologie bien diversifiée, est conservée à l'Asian Art Museum de San Francisco (Inv. 64 P 317 et 60 P 331. *Cf.* Li, 1996, p. 117, 118, n° 115 et 116). On peut étroitement comparer le *zhenmushou* du musée Cernuschi avec un autre *zhenmushou* à tête féline (?) conservé au Metropolitan Museum de New York (Inv. 1979-438. Achat grâce à la Fondation Ann Eden Woodward).

Leur usage se perpétuera jusqu'à la fin de la dynastie des Tang (618-907).

42.

Fonctionnaire militaire (*wuguan-yong*)

Terre cuite
H. : 0,647 ; L. : 0,157 ; P. : 0,10
Chine septentrionale
Début du VIe siècle. Dynastie des Wei du Nord (386-535)
M.C. 9940. Don de Josette et Théo Schulmann, 1997.
Biblio. : Béguin, 1998, p. 55, 86.

Ce grand fonctionnaire militaire est réputé constituer le pendant d'un célèbre *mingqi* de l'Asian Art Museum de San Francisco (Inv. B.65-S.4), publié en son temps par René-Yvon Lefebvre d'Argencé, ancien conservateur au musée Cernuschi devenu le premier directeur de cette prestigieuse institution américaine (Lefebvre d'Argencé – Turner, 1973, p. 122-123, n° 51 et également Li, 1996, p. 86, 118, n° 122). Malgré une légère différence de hauteur – 0,647 pour la pièce parisienne et 0,622 pour la statuette californienne – cette assertion est hautement probable. Le traitement de l'armure, du visage et des pieds est identique. La différence des coiffures, signes d'emplois diversifiés dans une grande maison, celle des plis des manches et de la robe confèrent à chacune des deux pièces une individualité qui renforce encore leur similitude. Le vêtement du *mingqi* Schulmann et son extrême minceur ne sont pas sans évoquer celle d'un guerrier, découvert autrefois à Luoyang dans la tombe de Yuan Shao, datée 528 (*Kaogu*, 1973, n° 4, p. 220, fig. 5-1 et 5-2).

Par sa taille, la monumentalité de ses proportions et la fluidité de ses lignes qu'accentue sa faible épaisseur, le fonctionnaire du don Josette et Théo Schulmann comble l'une des dernières lacunes importantes de la collection de *mingqi* du musée.

43.

Catafalque (*ta*)

Grès
H. : 0,45 ; L. : 2,12 ; P. : 0,15
Chine septentrionale
Début du VIe siècle. Dynastie des Wei du Nord (386-535)
M.C. 9946. Don de M. Jean-Michel Beurdeley en hommage à Cécile Beurdeley, 1997.
Biblio. : Beurdeley, 1997, n° 70 ; Béguin, 1998, p. 89.

Bien que les Chinois désignent ce type d'objet par le caractère *gang*, « lit », de tels soubassements, placés dans la salle la plus profonde du tombeau, supportaient à la manière d'un catafalque (*ta*) le sarcophage du défunt et divers éléments du mobilier funéraire.

Les *ta* sont formés d'un long « linteau » de pierre, soutenu par trois larges pieds carrés. La tombe de Sima Jinlong, datée 484, découverte dans le village de Shijiazhai, dans la province du Shanxi, présente un dispositif semblable encore *in situ* (Shanxi, 1972). Parmi les *ta* conservés en Occident, le Museum of Fine Arts de Boston possède l'exemplaire le plus complet (Inv. 62-285 a-g. Keith Mc Leod Fund). Adossé le long d'un mur, les côtés fermés par des plaques sur toute la hauteur, sa terrasse soutient une représentation miniature de la porte de la tombe. Un mur est percé d'une large ouverture flanquée de deux piles de taille graduée. Afin de rendre l'illusion plus parfaite, le faîte du mur et des piles porte un délicat décor de tuiles sculptées en trompe-l'œil. Une théorie d'assistants comme abrités sous le portique ainsi créé s'y déploie, leur groupe scandé par de délicates colonnettes. On peut logiquement penser que deux reliefs délimitant une ouverture comparable, au Museum für Ostasiatische Kunst de Cologne, proviennent d'un dispositif analogue (Inv. Nr. Bell 12. *cf. Masterpieces ans Chinese*..., 1997, p. 13 et 123, n° 13).

La partie inférieure du *gang* de Boston, quoique de belle facture, présente moins d'originalité.

Plusieurs institutions patrimoniales occidentales et quelques collections privées ne conservent que la façade de tels soubassements. Il convient de citer le Rietberg Museum de Zürich (Inv. Rch. 115. *Cf.* Sirèn, 1959, p. 24-27, n° 5), l'Asian Art Museum de San Francisco (collection Avery Brundage, Inv. B60-S422. *Cf.* Lefebvre d'Argencé – Turner, 1974, p. 120-121, n° 50), le Royal Ontaro Museum de Toronto (Inv. 949-230. *cf.* Heinrich, 1963, p. 38 ; Trubner, 1968, p. 45, ill. 49), le Cleveland Museum of Art (Inv. 1982-260, don M. et Mme Oscar Lange), la collection Lu Liang-sheng à Taiwan (*Ancient Chinese*...1998, p. 56-57 et 187, n° 2). De même des pièces comparables ont été présentées sur les marchés newyorkais en 1996 (*Early Dynastic China*..., 1996, n° 12) et bruxellois en 2004 (Croës, 2004, p. 24-56).

Toutes ces œuvres, à l'exception des *ta* de Toronto, de Cleveland et de Bruxelles, possèdent des iconographies identiques, quoique plus ou moins explicitées (Juliano-Lerner, 2004). Un masque grimaçant à caractère prophylactique en décore le pied central. Ce monstre présente tantôt une stylisation ornementale qui le relie aux antiques *taotie* du vocabulaire thématique de la Chine archaïque (San Francisco, Rietberg), caractérisé par des cornes, des yeux globuleux, des crocs et une langue pendante, tantôt une plus grande animalité (Boston, Lally, coll. Lu). Le masque du *gang* du musée Cernuschi, si déformé qu'il en est presque méconnaissable, participe du premier groupe.

Les pieds latéraux portent tantôt des génies ailés à l'expression courroucée (San Francisco, Cernuschi), tantôt des lions ailés à tête humaine (coll. Lu), tantôt de simples lions, ailés ou dépourvus d'ailes (Boston, Toronto, Lally). L'exemplaire du Rietberg Museum, le plus explicite, rassemble les deux thèmes. En dessous des génies ailés et bondissants, des félins, eux-mêmes pourvus d'ailes, s'avancent d'une manière menaçante. Ces protecteurs redoutables doivent être rapprochés des dix-huit monstres de la pierre tombale datée de 522 de Dame Yuan (dynastie des Wei du Nord). L'un de ces êtres fantastiques tirant la langue est appelé Changshe, « Longue langue ». Deux autres, aux dents saillantes, comme sur le catafalque du Rietberg Museum, sont identifiés comme des *pidian*, « Éclairs de lumière ».

Ces thèmes iconographiques, liés à la protection du défunt mais dont on ignore le rôle exact, peuvent subir des variations dans leur positionnement. Les *gang* de Boston et de San Francisco présentent ainsi au milieu du linteau supérieur, au-dessus du pied central, un brûle-parfum flanqué de deux *pidian*. Sur le catafalque de la collection Li, les *pidian* sont placés au-dessus des ouvertures formées par les trois pieds. Nous avons vu que dans ces deux cas, seuls des félins occupent les pieds latéraux.

Le décor de la partie supérieure des linteaux reste énigmatique. Partagées en panneaux souvent rectangulaires mais parfois losangés (Museum Rietberg), hexagonaux (Boston) ou délimités par des rinceaux ovoïdes (coll. Lu), ces frises sont ornées d'animaux fantastiques, le plus souvent gravés et difficilement identifiables, groupés en séquences parfois répétitives et parfois disposées en symétrie en miroir. On distingue sur chacune des œuvres des dragons et des oiseaux. Il serait tentant d'évoquer à leurs propos les animaux associés traditionnellement en Chine aux quatre orients (dragon à l'Est, phénix au Sud, tigre à l'Ouest et tortue au Nord), mais les listes ne concordent pas. Ainsi le *gang* de San Francisco porte répété deux fois symétriquement un oiseau, un dragon, un coq, un dragon, un phénix (?), un troisième dragon et un autre oiseau. Il est de même difficile d'identifier les créatures mythiques gravées sur le linteau du *gang* du musée Cernuschi. Ces monstres ailés constituent deux séries de six, réparties symétriquement par rapport au centre. Ce cortège d'animaux et d'êtres monstrueux n'est pas sans évoquer les panneaux qui décorent les côtés de la stèle funéraire du prince

Xiaohong, qui fut érigée près de Najing en 526 (*Henan Sheng*..., 1963, p. 175).

Tous ces *gang* présentent un élément iconographique supplémentaire. Leur linteau porte, dans leur partie inférieure, un même registre décoré d'ondes stylisées. Sans texte chinois explicite, nous nous garderons bien de donner une quelconque signification iconologique à ce motif. Celui du musée Cernuschi porte encore des traces rouges d'une ancienne polychromie.

Une rangée de pétales de lotus décore la partie supérieure des linteaux. À l'exception de celle du Rietberg Museum, gravée sans grande finesse, toutes les autres présentent des factures assez proches. La forme des pétales peut être comparée à des motifs similaires dans les grottes bouddhiques de Gongxian.

On ignore si, tel le *gang* de la tombe de Sima Jinlong, les autres catafalques proviennent tous de Chine du Nord. De même, tous les auteurs situent la plupart des ces *gang* dans la première moitié du VIe siècle. Or, bien que présentant de nombreuses affinités stylistiques, leur facture trahit l'activité de plusieurs ateliers bien distincts ou l'existence de fourchettes chronologiques plus étendues dans le temps qu'on ne le supposerait à première vue. Par sa stylisation et la complexité de son iconographie, celui du Museum Rietberg constitue une œuvre à part, peut-être la plus ancienne. L'exemplaire de San Francisco, bien que visiblement plus tardif, par son traitement en méplat, en constituerait une lointaine évocation. La mauvaise photographie de la tombe de Sima Jinlong dans la revue *Wenwu* interdit de nécessaires comparaisons pour étudier son éventuelle antériorité à 484.

Le catafalque de la collection Lu, aux motifs des pieds traités en fort relief et aux détails fouillés avec soin, témoigne d'un deuxième groupement.

Les *gang* du musée de Boston et celui autrefois à la galerie Lally constituent un troisième groupe, le plus somptueux plastiquement mais aussi le plus éloigné de l'iconographie primitive.

Le soubassement du musée Cernuschi, par la stylisation exceptionnelle des figures en relief de ses pieds, traduit une production provinciale. Les parties gravées, par contre, le rapprochent de celui de San Francisco.

Cat. 43, détail.

44.

Jarre

Terre cuite
H. : 0,39 ; D. : 0,37
Chine septentrionale (?)
VIe siècle. Dynastie des Sui (581-618)
M.C. 9916. Don de la Fondation Antoni Laurent et de la Société des Amis du musée Cernuschi, 1994.
Biblio. : Bobot, 1994, p. 116-117 ; Kamei, 1998-1999, p. 100, fig. 27.

Cette imposante jarre à la belle glaçure verte, irisée par un long séjour en terre, est l'une des dernières acquisitions effectuées par Melle M.-T. Bobot avant la fin de son conservatoriat. Elle renforce d'une manière spectaculaire le fonds inégal de céramiques du musée.

Des médaillons polylobés et perlés en garnissent la panse et la font participer à un groupe de vases et de chandeliers couramment considérés comme inspirés de l'orfèvrerie sassanide. Le professeur Kamei Meitoku de l'université Senshu de Kawasaki a consacré une précieuse étude à leur sujet (1998-1999). Il convient également de citer l'article récent de Mme Suzanne G. Valenstein (2003-2004). Ainsi, les plus anciens ont été découverts dans la province du Hebei, dans la tombe d'une certaine Zushi de la famille Feng qui aurait été mise au tombeau vers 531. Des vases comparables ont été mis au jour à Wuhan au Hubei, Shou-yao en Anhui, Zibo yao au Shandong et Anyangyao au Henan. Cependant, selon le professeur Kamei, ces motifs « occidentalisants » seraient apparus tout d'abord en Chine septentrionale.

Plusieurs collections occidentales conservent des pièces qui peuvent être étroitement comparées à la jarre du musée Cernuschi tel le Royal Ontario Museum (Inv. 909-12-81. *Cf.* Mino, 1974), la Freer Gallery of Art de Washington (Sato-Hasebe, 1976, p. 193, fig. 168), le Boston Museum of Fine Arts (Fontein – Wu, 1980, fig. 43). D'autres sont encore en mains privées (Sato – Hasebe, 1976, p. 11, ill. 2 ; marché new-yorkais en 1999 et également Christie's, New York, 21 mars 2000, n° 281).

45.

Tête de *bodhisattva*

Marbre
H. : 0,325 ; L. : 0,205 ; P. : 0,23
Province du Hebei
Dynastie des Sui (581-618)
M.C. 9942. Don de Josette et Théo Schulmann, 1997.
Biblio. : Béguin, 1998, p. 86-87.

Cette belle tête en marbre blanc impressionne par sa grande taille. Les ornements de coiffure et les mèches subsistants permettent de reconnaître dans cette déité à l'imperceptible sourire un *bodhisattva*. On remarque la présence d'une *urnā* à la base du front. Peu de *bodhisattva* portent ce signe de boddhéité présent néanmoins sur certaines des images de Maitreya et d'Avalokiteśvara.

La nouvelle tête du musée Cernuschi n'est pas sans rappeler deux statues de *bodhisattva* reproduites par O. Sirèn, l'une anciennement dans la collection Matsukata, à Kōbe (Sirèn, 1930, pl. 70), et une autre autrefois dans la collection de M. Eugène Meyer, à Washington (Sirèn, 1930, pl. 77). Le marbre blanc était le matériau privilégié de certains ateliers du Hebei.

L'œuvre est caractéristique de l'art des Sui (589-618), encore empreint du modelé subtil et de la stylisation de la production des Qi du Nord (550-577). La statuaire Sui, peut-être plus majestueuse encore, n'hésite pas comme ici à donner au cou un début d'empâtement qui sera l'une des caractéristiques de l'art des Tang (618-907). Deux petits accidents sur le nez et la lèvre ne parviennent pas à détruire l'expression d'intériorité du visage, rendue plus sensible encore par le regard atténué sous les paupières mi-closes.

46.

Tête de *bodhisattva*

Grès
H. : 0,37 ; L. : 0,193 ; P. : 0,18
VIIe siècle. Dynastie des Tang (618-907)
M.C. 2003-1. Achat, 2003.
Biblio. : Béguin, 2004, p. 150-151.

L'ensemble de statues bouddhiques du patrimoine parisien est réduit en nombre mais sa qualité le place au premier rang des musées européens. Paradoxalement, l'époque des Tang (618-907) y était mal représentée. L'achat d'une tête de *bodhisattva* en grès comble désormais cette lacune par une œuvre emblématique.

La pièce, issue d'une vieille collection française, fut acquise en Chine entre les deux guerres par l'oncle du vendeur. Caractéristique du début de la dynastie, elle se démarque tout à la fois de l'extrême géométrisation du canon de l'époque des Sui (581-618) et du style « épanoui », voire « poupin » de l'art Tang du VIIIe siècle. Par la juvénilité des traits, elle n'est pas sans évoquer une tête de *bodhisattva* du Metropolitan Museum de New York provenant du Henan (O. Sirèn, 1926, pl. 468 B) et, d'une manière plus lointaine, un grand *bodhisattva* debout daté 687 provenant du Baimasi près de Henanfu (Luoyang) de l'ancienne collection W. R. Hearst (O. Sirèn, 1926, pl. 482).

Le traitement de la chevelure en larges mèches, les arcades sourcilières incisées dessinant des arcs de cercle parfaits et les yeux fortement bridés peuvent être rapprochés des personnages en stuc de la caverne n° 328 de Dunhuang (Pelliot n° 143), sculptés sous le règne personnel de l'impératrice de Wu Zetian (*r.* 690-705) dont l'un des *bodhisattva* figure dans les collections du Fogg Art Museum de l'université de Harvard (Hai-Wai Yi-Chen, 1990, p. 125, n° 120).

47.

Dalles gravées

Éléments de chambre funéraire
Grès
M.C. 9945a : H. : 1,154 ; L : 0,545 ; P. : 0,108
M.C. 9945b : H. : 1,155 ; L : 0,56 ; P. : 0,105
M.C. 9945c : H. : 1,154 ; L : 0,525 ; P. : 0,10
M.C. 9945d : H. : 1,165 ; L : 0,253 ; P. : 0,203
M.C. 9945e : H. : 1,156 ; L : 0,264 ; P. : 0,225
M.C. 9945f : H. : 1,16 ; L : 0,238 ; P. : 0,243
Province du Shaanxi (?)
Vers 700. Dynastie des Tang (618-907)
M.C. 9945 a, b et d. Don de M. Jean-Michel Beurdeley, 1997.
M.C. 9945 c, e et f. Achat, 1997.
Biblio. : Béguin, 1998, p. 89-92.

Ces dalles et ces pilastres gravés permettent d'évoquer au musée le mur extérieur d'une chambrette funéraire destinée à contenir le cercueil de quelque dignitaire de l'époque des Tang (618-907). Rien cependant ne prouve que ces divers éléments proviennent d'un même ensemble. Ils peuvent cependant être étroitement comparés avec les dalles et piliers formant la « chambre » dans la dernière pièce du tombeau du prince Li Zhongrun, également connu sous le nom de prince Yide (682-701), contraint à se suicider à la suite des manœuvres perfides de l'impératrice Wu Zetian (*r.* 690-705). Cette tombe, aménagée en 706 dans le Qianling (Qianxian), non loin de la capitale Chang'an, dans la province du Shaanxi, présente un dispositif semblable aux dalles de Cernuschi.

Les piliers possèdent des rainures verticales destinées à maintenir les plaques dressées. Le mur d'une telle chambre a pu être remonté au musée. Les éléments décorés sur les deux faces trahissent cependant un dispositif plus complexe. La dalle M.C. 9945a porte un jeune homme sur sa face principale. La composition est cernée par un registre de rinceaux gravés. Au dos, une jeune femme à la silhouette d'une grande sveltesse fait étroitement pendant par sa taille et par la technique de gravure à un autre jeune homme, entouré de deux arbustes (M.C. 9945c).

Une plaque supplémentaire (M.C. 9945b), d'un traitement plus sommaire, porte une jeune femme aux formes épanouies. Ce canon féminin, très en vogue au VIIIe siècle et qui sera celui de la concubine impériale Yang Yuhuan (Yang Guifei), à la cour de 745 à 756, contraste avec celui de la dame du dos de la plaque M.C. 9945a, et trahit une date plus tardive.

Les serviteurs masculins portent des vestes à larges revers comme des *mingqi* datés 706 ou 711, découverts dans la tombe du prince Zhanghuai dans le Qianxian au Shaanxi (*The Quest...*, 1987, p. 132, n° 65). Les pantalons bouffants se retrouvent sur les célèbres peintures murales qui décoraient les murs de la rampe d'accès au tombeau du prince Yide, également datées 706.

Dalles de chambres funéraires, portes de tombe et sarcophages décorés de dessins gravés sont relativement nombreux dans la première partie de l'époque des Tang, avant la révolte de An Lushan M.C. 994

M.C. 9945b M.C. 9945e M.C. 9945a

en 755. Outre la chambre de la tombe du prince Yide, il convient de citer celle de la tombe de Wei Dong décédé en 692 (*Wenwu*, 1959), la porte de la tombe du prince impérial Zhanghuai, autre victime de Wu Zetian (*Trésors d'art de la Chine*, 1982, p. 216, n° 58), le sarcophage de la princesse Yongtai, daté 706 (Tregear, 1991, p. 98), une porte de tombe conservée au Museum of Fine Arts de Boston (Fontein – Wu, 1973, p. 154-157, n° 74), inv. 37-467) et deux battants de porte présentés à la galerie Gisèle Croës à Bruxelles en 1995.

M.C. 9945f M.C. 9945c M.C. 9945d

Les rinceaux des pierres peuvent être comparés aux tranches sculptées de plusieurs stèles datées du début du VIIIe siècle et conservées dans le Kongmiao de Xi'an. En particulier, leurs formes bien que plus stylisées, rappellent des rinceaux datés 663 (*cf.* Sirèn, 1926, p. 40-41, pl. 441).

À l'exception de la dalle M.C. 9945b, plus tardive, le début du VIIIe siècle paraît être une hypothèse probable de datation pour cet impressionnant ensemble.

48.

Avalokiteśvara

Guanyin sous son aspect Jiuku
Bronze doré
H. : 0,266 ; L. : 0,087 ; P. : 0,072
VIIIe siècle. Dynastie des Tang (618-907)
M.C. 2002-1. Achat, 2002.
Biblio. : Béguin, 2003, p. 123-124.

Depuis les années vingt, le musée Cernuschi possédait un ensemble de statuettes bouddhiques de petites tailles que l'on peut dater des dynasties des Sui et des Tang. Aucune cependant ne conférait à ce groupe une visibilité suffisante. Par sa taille et la monumentalité de ses proportions, la nouvelle statuette contraste avec ces pièces de série. Le *bodhisattva* peut sans hésitation être identifié à Guanyin sous son aspect Jiuku, « à la branche de saule ». Un rameau brisé subsiste en effet dans la main droite, à la hauteur de l'épaule. La main gauche, à hauteur du genou, tient le col d'un vase à eau lustrale (skt. *kamaṇḍalu*).

Le poids du corps repose sur la jambe droite, légèrement en avant. La déité, au torse dénudé à l'indienne, porte un *paridhāna* aux lourds drapés épousant la forme des jambes ; une longue écharpe retombe latéralement en tourbillons jusqu'aux chevilles. Un double collier orné de petites pendeloques pare la poitrine. Un troisième plus complexe, constitué par la juxtaposition d'une chaînette et d'enfilades de perles, descend jusqu'aux cuisses. L'une des enfilades est attachée à un fermoir à hauteur du flanc droit et retombe sous le genou, remontant du même côté, mais dans le dos. Peut-être faut-il voir dans ce dispositif complexe une interprétation maladroite d'un élément de joaillerie indienne. Un tel collier se retrouve sur une Jiuku Guanyin du Bristish Museum, datée du VIe siècle (Inv. O. A. 1947. 7-12. 389. Oppenheim Bequest. *Cf.* Yi, 1990, p. 92, fig. 88). Dans ce dernier cas, l'élément perlé attaché au fermoir est rejeté dans la saignée du coude droit et retombe vers l'extérieur, se détachant sur l'écharpe. Comme de nombreux *bodhisattva* chinois, la déité du musée Cernuschi ne porte pas de cordon brahmanique.

La statuette n'est pas sans évoquer une Jiuku Guanyin autrefois dans la collection Takenuchi à Tōkyō (Sirèn, 1926, T. III, pl. 418 B).

La silhouette générale, les drapés du vêtement, les tourbillons de l'écharpe, le socle à un seul rang de pétales de lotus rendus par de simples triangles en relief dépourvus d'ornement intérieur peuvent être rapprochés d'une Jiuku Guanyin conservée à Taipei (*Gilt-Bronze Buddhist*..., 1996, p. 34-35, 116, n° 8). Par ailleurs son visage légèrement empâté et sa musculature bien dessinée inciteraient à dater cette œuvre du VIIIe siècle.

49.

Guerrier (*wushi yong*)

Terre cuite avec traces de polychromie et d'or
H. : 0,077 ; L. : 0,415 ; P. : 0,245
Confins du Gansu et de la Mongolie-Intérieure
VIIe siècle. Dynastie des Tang (618-907)
M.C. 2000-4. Don de M. et Mme Yves et Lotus Mahé, en mémoire de Maurice et Thi-giac Morvan, 2000.
Biblio. : Béguin, 2001, p. 132-133.

Cet impressionnant personnage courroucé, au visage particulièrement expressif, à la pose véhémente, tenait autrefois un glaive de la main droite. Il appartient à un modèle rare, absent de la plupart des collections publiques. On notera la présence d'éléments fortement en saillie, telles les cornes qui ornent les épaulières et les sourcils broussailleux du personnage. Ces détails ne se retrouvent pas sur les pièces provenant des deux provinces formant le cœur de l'empire, le Shaanxi et le Henan. La couleur beige clair de la terre inciterait à situer cette œuvre aux confins du Gansu et de la Mongolie-Intérieure. Un exemplaire analogue, mais tourné vers la gauche, à la tunique moins plissée au-dessus des bottes, a été présenté sur le marché bruxellois.

50.

Deux suivantes (*shinü yong*)

Terre cuite avec traces de polychromie
M.C. 9934 : H. : 0,298 ; L. : 0,062 ; P. : 0,058
M.C. : 9935 : H. : 0,297 ; L. : 0,067 ; P. : 0,062
VIIe siècle. Dynastie des Tang (618-907)
M.C. 9934 et M.C. 9935.
Don anonyme en souvenir de Jeanne et André Cain, 1997.
Biblio. : Béguin, 1998, p. 88-89.

Ces deux suivantes proviennent sans doute de la même tombe et ont conservé une grande partie de leur polychromie. Elles sont vêtues de la longue jupe à bandes longitudinales en faveur à l'époque des Sui (589-618) et au début de l'époque des Tang (618-907), démodée semble-t-il au début du VIIIe siècle (Delacour, 1996, p. 74). Une autre de leurs caractéristiques, la coiffure « en lame de sabre », était également très répandue au VIIe siècle. Des figurines de même type se rencontrent dans diverses collections (Hôtel Drouot, 14 juillet 1970, n° 122 ; *id.* 8 juillet 1974, n° 88 ; Hentze, s.d., vol. 2, pl. 60a).

51.

Voyageuse

Terre cuite avec traces de polychromie
H. : 0,304 ; L. : 0,062 ; P. : 0,053
VIIe siècle. Dynastie des Tang (618-907)
M.C. 9936. Don anonyme en souvenir de Pierre Cain, 1997.
Biblio. : Béguin, 1998, p. 88-89.

Cette jeune femme porte le grand bonnet des voyageuses. Une voilette rendue par de délicats rehauts blancs est rejetée par dessus le chapeau et retenue à l'arrière par une rosette peinte avec soin. Une terre cuite identique a autrefois été proposée à l'Hôtel Drouot (9 février 1979, n° 58).

52.

Orchestre de huit cavalières-musiciennes

Terre cuite polychrome
M.C. 2001-11 : H. : 0,333 ; L. : 0,29 ; P. : 0,109
M.C. 2001-12 : H. : 0,323 ; L. : 0,294 ; P. : 0,106
M.C. 2001-13 : H. : 0,319 ; L. : 0,283 ; P. : 0,109
M.C. 2001-14 : H. : 0,323 ; L. : 0,29 ; P. : 0,108
M.C. 2001-15 : H. : 0,316 ; L. : 0,267 ; P. : 0,105
M.C. 2001-16 : H. : 0,336 ; L. : 0,306 ; P. : 0,10
M.C. 2001-17 : H. : 0,324 ; L. : 0,311 ; P. : 0,107
M.C. 2001-18 : H. : 0,327 ; L. : 0,291 ; P. : 0,106
Début du VIIIe siècle. Dynastie des Tang (618-907)
M.C. 2001-11 à M.C. 2001-18. Don du Dr. Stephen Zuellig et M. Gilbert Zuellig, 2001.
Biblio. : Béguin, 2002, p. 174-175.

Des renseignements précieux concernant ce groupe m'ont été communiqués par Mme Maud Girard-Geslan.

Sept des jeunes femmes du musée Cernuschi jouent chacune d'un instrument différent : flûte droite à embouchure verticale (*dizi*), petite harpe (*konghou*), flûte traversière (*hengdi*), luth (*pipa*) de forme inusitée, tambour-sablier (*yaogu*), flûte de Pan (*paixiao*), orgue à bouche à bec courbe (*sheng*). La huitième cavalière, dépourvue d'instrument, a pu tenir un attribut aujourd'hui disparu, peut-être une grande harpe, montée sur un support qui aurait laissé une trace en creux, visible sur la cuisse droite.

Les cavalières Zuellig, vêtues d'un vêtement d'inspiration occidentale (*huyi*), possèdent des têtes rondes aux joues pleines. Ce faciès est encore celui des paysannes du Shaanxi. Il préfigure les formes épanouies mises à la mode, au milieu du VIIIe siècle, par la concubine Yang Yuhuan. Leurs cheveux sont disposés en deux nattes, remontées à la hauteur des tempes à la manière des garçons. Les yeux incisés d'un simple trait et une petite bouche confèrent à chacune une expression différente mais toujours avenante et souriante.

Par leur taille, le traitement des chevaux et leur polychromie beige, orange, carmin, noir et vert, ces statuettes ne sont pas sans évoquer le groupe d'écuyères-musiciennes découvert en 1991 à Xinzhuxiang, dans la banlieue est de Xi'an, et provenant de la tombe aménagée de 689 à 690 pour Yu Yin (décédé en 689), haut fonctionnaire de la cour, et son épouse la princesse Jinxiang (morte en 722), petite-fille de Gaozu, le fondateur de la dynastie (Yang, 199, p. 494-497, n° 171). Un autre orchestre de huit cavaliers-musiciens a figuré dans la collection de M. T. T. Tsui (Girard-Geslan, 1999, p. 40-41, n° 18).

Cette donation exceptionnelle modifie irréversiblement l'ensemble des *mingqi* de la dynastie des Tang conservé au musée. L'ensemble exquis des cavalières-musiciennes Zuellig constitue désormais le principal point d'attraction de la première salle Tang.

53.

Chameau (*luotuo*)

Céramique « trois couleurs » (sancai)
H. : 0,843 ; L. : 0,61 ; P. : 0,272
Provinces du Shaanxi ou du Henan (?)
Première moitié du VIIIe siècle. Dynastie des Tang (618-907)
M.C. 2001-10. Achat, 2001.
Biblio. : Béguin, 2002, p. 175-176.

Des radiographies prises au centre de Recherche et de Restauration des musées de France et des tests de thermoluminescence permettent de cerner les restaurations d'usage, inévitables sur les *mingqi* de cette taille (terrasse refaite, pattes arrières en partie reconstituées, recollage au col) mais confirment la date de la première moitié du VIIIe siècle habituellement proposée pour ce type de pièces, antérieures semble-t-il à la révolte du général An Lushan (755-763).

La plupart des grands musées internationaux possèdent un ou plusieurs chameaux de ce genre. Citons pour mémoire l'ensemble cohérent de *mingqi sancai* de taille héroïque, conservé au Bristish Museum (inv. OA 1938-1-13-02), provenant de la tombe de Liu Tingxun, décédé en 728, découverte à Luoyang.

Les chameaux se répartissent en quatre grands groupes : les chameaux sans charge à l'arrêt, ceux bâtés et immobiles, ceux libres de tout bagage mais en marche, enfin ceux chargés et en mouvement. Le chameau du musée Cernuschi appartient à ce dernier type. Deux grandes fontes, originellement en cuir, dont le décor de masque grimaçant a parfois été interprété comme la marque d'une destination funéraire (Lefèvre d'Argencé, 1967, p. 56), un tortillon de soie filée et une gourde plate, allusion à la vie nomade, sont portés par un large bât. L'intensité du mouvement de la patte avant droite, l'expression de la tête relevée et blatérante, la bordure du tapis de selle, tantôt froncée ou tantôt constituée d'un simple galon plat, la précision du dessin des poils du col ou du haut des pattes, sont autant de critères d'appréciation. Deux chefs-d'œuvre absolus dominent le groupe : le chameau du musée Idemitsu de Tōkyō (Watson, 1984, p. 197, fig. 215) et celui de l'Asian Art Museum de San Francisco (Inv. B 60 S 95. Lefèvre d'Argencé, 1967, p. 56, B et également Li, 1996, p. 99, 123, n° 72). Sans pouvoir rivaliser avec de telles pièces, l'exemplaire imposant du musée Cernuschi frappe par sa vigueur plastique, sa monumentalité et les vibrations de sa riche polychromie crème, brune et verte.

Cat. 53, détail.

54.

Chandelier (*zhutai*)

Grès blanc à couverte transparente
Chine septentrionale, province du Hebei ou de Henan
H. : 0,207 ; D. : 0,226
VIe-VIIe siècles. Dynasties des Sui (581-618) ou des Tang (618-907)
M.C. 9948. Don de M. Jean-Michel Beurdeley en hommage à Cécile Beurdeley, 1997.
Biblio. : Béguin, 1998, p. 92-93 ; Chollet *in* Béguin, 2000, p. 106, 205.

Ce chandelier est réalisé dans une pâte blanche de texture dense et fine. Sa teinte légèrement rosée et son opacité invitent à la ranger parmi les grès plutôt que parmi les porcelaines. Elle est revêtue d'une couverte transparente prenant une teinte vert d'eau là où elle s'accumule. Celle-ci est parcourue d'un dense réseau de craquelures qui forment un véritable maillage. Le chandelier repose sur un pied bien marqué caractéristique des Tang. La base plate présente des traces de tournage et une légère protubérance centrale. La base, la paroi intérieure et le rebord inférieur du pied sont dénués de couverte. La pièce a subi un léger fléchissement en cours de cuisson.

À partir de la dynastie des Han, le chandelier devient un élément fréquent du mobilier funéraire. Il est souvent associé au dragon (*Luoyang shi wenwu gongzuo dui*, 1992, p. 30, ill. 3 ; *Anxiang xian wenwu guanlisuo*, 1993, pl. 4, n° 5) comme certains chandeliers de l'époque des Tang (*Terre de neige*, 1999, p. 103, cat. N° 51 ; *Homage...*, 1992, p. 58, ill. 25). Ce type de chandelier à gorges apparaît au VIe siècle (*Zhongguo guisuanyan xuehui*, 1982, p. 189, ill. 50, n° 14 ; Krahl, 1988, vol. 1, p. 120, n° 196) à côté de modèles plus simples (*shanxi sheng bowuguan*, 1992, p. 25, ill. 9, chandelier en grès à couverte céladon provenant d'une tombe datée 595). L'Asian Art Museum de San Francisco conserve un chandelier similaire à celui du musée Cernuschi (Inv. B 60 P 156. *Cf.*Li 1996, p. 89, 119, n° 135).

H. C.

55.

Plat foliacé

Terre cuite glaçurée
H. : 0,045 ; L. : 0,204
Dynastie des Tang (618-907)
M.C. 9938. Don de M. et Mme Christian Deydier, 1997.
Biblio. : Deydier, 1997, p. 26-27, n° 7 ; Béguin, 1998, p. 89.

À la fin du VIIe siècle et durant le VIIIe siècle, les ateliers de la province de Henan produisent des plats foliacés, obtenus par moulage, dont les formes possèdent l'acuité des pièces d'orfèvrerie. Trois d'entre eux étaient autrefois conservés à la Fondation Ezvika (Christie's, 4 déc. 1998, p. 98-99, n° 63-65). La collection Meiyintang s'enorgueillit d'un autre exemplaire (Krahl, 1994, vol. 1, p. 148, n° 254).

L'exemple offert par Christian et Agnès Deydier porte une glaçure bleue à base de cobalt caractérisé par la présence d'arsenic. L'usage de ce produit rare originaire d'Iran, parvenu en Chine grâce au commerce caravanier, est attesté dès le début du VIIIe siècle mais les troubles qui, à partir de 755, ravagent l'empire des Tang (618-907) rendent ensuite plus rare son utilisation. Un plat analogue mais pourvu de pieds est conservé au Rietberg Museum de Zurich (Watson, 1984, p. 160, n° 139). Un autre, également revêtu de glaçure bleue, a été présenté sur le marché new-yorkais il y a une quinzaine d'années (Lally, 1988, n° 48).

56.

Boîte et son couvercle

Grès à couverte céladon (*qingci*)
H. : 0,048 ; D. : 0,125
Fours de Yaozhou, province du Shaanxi
Époque des Song du Nord (960-1126)
M.C. 2000-3. Don de M. et Mme Gilbert Zuellig par l'intermédiaire de la Société des Amis du musée Cernuschi, 2000.
Biblio. : Béguin, 2001, p. 133-134.

L'entrée de cet objet exquis comble l'une des plus importantes lacunes de la collection, dramatiquement pauvre en grès à couverte céladon des fours de Yaozhou (Shaanxi). Chacun en effet apprécie leurs couvertes d'un vert olive tirant sur le gris, d'un grand raffinement. Ces céramiques étaient réalisées aux alentours de Huangbaozhen, dans le district de Tongchuan, au cœur de la province du Shaanxi.

Sur la petite boîte du musée Cernuschi, une large fleur de lotus épanouie orne la couverte. Ce motif se retrouve fréquemment sur les bols et les vases de cette production aux XIIe et XIIIe siècles (Krahl, 1999, p. 68-69, n° 43 et 44).

57.

Plat à décor floral

Grès à décor sous couverte
H. : 0,045 ; D. : 0,152
Fours de Tongguan, Changsha, province du Hunan
VIIIe-IXe siècle. Dynastie des Tang (618-907)
M.C. 9947. Don de M. Jean-Michel Beurdeley, 1997.
Biblio. : Beurdeley, 1997, n° 111 ; Béguin, 1998, p. 93.

Ce charmant plat porte un délicat motif de fleur de lotus épanouie dont les pistils et les pétales sont soulignés par de légers reliefs et une délicate polychromie. Ce type de reliefs était obtenu par l'impression d'un moule dans l'argile encore molle. De tels moules ont été conservés (*National Museum*..., 1996, p. 39).

Des plats comparables portent des lotus plus ou moins bien explicités ou plus ou moins colorés (*National Museum*..., 1996, p. 33, 157, fig. 83). Celui du musée Cernuschi présente une lèvre festonnée qui annonce les délicates créations de l'époque des Cinq Dynasties (907-960) et de la dynastie des Song (960-1279).

58.

Plat à décor abstrait

Grès à décor sous couverte
H. : 0,055 ; D. : 0,149
Fours de Tongguan, Changsha, province du Hunan
VIIIe-IXe siècle. Dynastie des Tang (618-907)
M.C. 2000-2. Don de M. Jean-Michel Beurdeley en hommage à Cécile Beurdeley, 2000.
Biblio. : Béguin, 2001, p. 133-134.

Cette coupelle, de couleur beige légèrement verdâtre, possède un décor brun foncé d'arabesques imitant la calligraphie, et de trois ovales à cheval sur l'intérieur et l'extérieur de la lèvre. Ce décor d'arabesques se retrouve sur une autre coupe de Changsha de la collection Meiyintang (Krahl, 1994, vol. 1, p. 102-103, n° 166) et sur deux autres du National Museum de Taipei (*National Museum*..., 1996, p. 154-155, n°s 80 et 81). Il convient de mentionner deux coupes analogues à celle du musée Cernuschi offertes par M. P. Nikramaratna, l'une au British Museum (Inv. O. A. 2000. 1 – 31-1), l'autre en mémoire de son épouse Nancy au Victoria and Albert Museum (Inv. F. E. II-2000).

La même technique, véritable « dripping », peut produire un effet splendide sur des verseuses (*National Museum*..., 1996, p. 23 et 41). L'origine de ce décor original est peut-être le rendu de plus en plus stylisé d'un motif végétal (Sato-Hasebe, 1976, vol. 11, p. 275, fig. 252).

59.

Bol

Or et bois
H. : 0,041 ; D. : 0,113
Xe siècle
Provinces frontalières de Chine du Nord
MC 2004-23.
Don de M. et Mme Guy et Myriam Ullens, 2004.

Bol

Or et bois
H. : 0,041 ; D. : 0,105
Xe siècle
Provinces frontalières de Chine du Nord
MC 2004-24.
Don de M. et Mme Guy et Myriam Ullens, 2004.

Ces deux bols, présentés par la galerie Oriental Bronzes à la XXIe Biennale des Antiquaires (Deydier, 2002, cat. n°s 10 et 11) sont formés d'une âme de bois recouverte à l'extérieur d'une feuille d'or rabattue au niveau de la lèvre. Le métal martelé présente un fond tapissant de petits cercles réguliers poinçonnés au perloir contre lequel se détachent deux phénix en vol dotés d'une longue queue aux pennes rubanées ainsi que des rinceaux floraux composites ; la base plate est soulignée d'un motif de pétales imbriqués que l'on retrouve sur plusieurs objets d'orfèvrerie provenant de la tombe de Yelü Yuzhi inhumé en 941 (Béguin-Laureillard, n°s 143, 144 et 146). Tous les détails sont délicatement incisés à l'exception de la tête des oiseaux qui gagnent ainsi en visibilité.

H. C.

60.

Deux instruments cultuels bouddhiques

Bois et feuille d'or
M.C. 2003-3 : H. : 0,068 ; L. : 0,273 ; P. : 0,068
M.C. 2003-4 : H. : 0,072 ; L. : 0,26 ; P. : 0,07
xe siècle
Provinces frontalières de Chine du Nord
M.C. 2003-3. Don de M. et Mme Guy et Myriam Ullens, 2003.
M.C. 2003-4. Don de M. et Mme Philippe et Éliane Wahl et de M. et Mme Yves et Lotus Mahé, 2003.

Ces deux instruments cultuels bouddhiques en or, formant sans doute une paire, sont datables du xe siècle. Chaque élément est composé d'un tube dont la partie médiane est matérialisée par une sphère. À chaque extrémité de cet axe s'insère une corolle donnant naissance à huit pétales de lotus et à laquelle se rattache, par un onglet gracile, une seconde rangée au limbe mince et effilé dont chaque élément a été découpé individuellement. De cette délicate couronne émerge curieusement un bouton de lotus en bois, encore recouvert de fragments de couches d'apprêts, qui permettent d'avancer l'hypothèse d'un ancien décor peint. Les parties métalliques portent un décor incisé : délicat rinceau floral inspiré de l'orfèvrerie des Tang sur les tubes, pétales de lotus sur les sphères, simples traits au niveau de la corolle et de la fleur. La fonction liturgique de ces pièces rares, qui semblent s'inscrire dans un ensemble d'objets cultuels plus vaste (*L'Or des Qidan*, 2004, p. 62, p. 64-65) demeure énigmatique. Un rituel lié à Amitābha ou à quelque divinité de sa *kula*, émanant peut-être d'une école extrêmement localisée dont la doctrine ne se sera guère diffusée, semble néanmoins probable. En dépit de l'actuelle absence de pièces de références directes, leurs caractéristiques stylistiques permettent de rattacher ces objets énigmatiques au xe siècle. Ils permettent de représenter avec éclat un aspect encore mystérieux des multiples formes prises par le bouddhisme dans les territoires alors contrôlés par l'empire kitan.

H. C.

61.

Oreiller

Or et bois
xe siècle
Provinces frontalières de Chine du Nord
0,101 ; 0,378 x. 232
M.C. 2003-6. Don de M. et Mme Guy et Myriam Ullens, 2003.

L'oreiller Ullens est composé d'une feuille d'or martelée au décor incisé recouvrant un plat en bois lobé en accolades rappelant la tête d'un sceptre *ruyi* ; celui-ci s'insère, probablement par un assemblage à tenon et mortaise, dans un support de section carrée reposant, par l'intermédiaire d'un pan coupé, sur une base quadrangulaire plus large. Le bois brun clair est issu d'un épicéa de la famille des Pinéaées-Abiétoïdées ; celle-ci est largement répandue en Chine du Nord du Liaoning à l'ouest de la Mongolie-Intérieure (identification réalisée pour le musée par M. Lim Du-minh). Un bandeau en or incisé de motifs floraux vient également souligner le support.

Bien que très peu d'oreillers liao en bois nous soient parvenus pour des raisons évidentes de conservation, quelques spécimens ont été exhumés lors de la fouille de plusieurs tombes en Mongolie-Intérieure (Nei Menggu, 2000, pl. 1, n° 4).

Ce type d'oreiller est, par ailleurs, bien attesté dès le tout début du xe siècle au Hebei grâce à une peinture murale de la tombe de Wang Chuzhi, décédé en 923 (Hebei sheng, 1998, pl. coul. 24). La Kaikodo Gallery de New York a d'ailleurs en 2002 proposé à la vente un oreiller en bois, peint et enveloppé de textile, proche de ce dernier (*Kaikodo Journal*, Spring 2002, p. 144-147, cat. nº 60).

Le pourtour de la feuille de l'oreiller M.C. 2003-6 est bordé d'un faux filigrane perlé. Sur le fond réalisé au perloir se détache un décor complexe et raffiné alliant travail en léger repoussé et ciselure. Celui-ci est construit autour de trois cercles disposés en un triangle dont la perle *cintâmani* forme le sommet et les deux phénix la base. L'axe central est matérialisé par une tige végétale qui se dédouble afin de cerner chacun des éléments tout en soulignant élégamment la courbe extérieure de l'oreiller. Les deux phénix, statiques et affrontés, sont dotés d'une ample queue trifide, recourbée de manière à inscrire chaque oiseau dans un médaillon ; ce mouvement circulaire est encore accentué par la position atypique des ailes dont l'une est dressée tandis que la seconde descend en s'incurvant pour disparaître derrière le corps. Ce décor est similaire à celui d'un autre oreiller, en forme de haricot présenté par la galerie Oriental Bronzes (Deydier, 2002, cat. 18).

L'emploi à l'échelle d'une feuille métallique entière du perloir est un héritage des Tang dont certains objets exhumés de la tombe de Yelü Yuzhi, décédé en 941, constituent des descendants particulièrement remarquables (Béguin-Laureillard, 2000, cat. nºs 143 à 145, cat. nº 150). Cette technique délicate devait toutefois se limiter par la suite à la surface de simples médaillons avant de tendre à disparaître.

Tant du point de vue de la forme que de l'iconographie, l'oreiller M.C. 2003-6 peut être rapproché de ceux en argent doré qui soutenaient la tête de la princesse de Chen décédée en 1018, et de son époux, le prince consort Xiao Shaoju (Nei Menggu, 1993, p. 40, ill. 23, nº 1 pour la princesse, ill. 23, nº 2 pour son époux). Sur ce dernier, les phénix ne sont néanmoins plus associés à des brins floraux comme cela se faisait sous la dynastie des Tang (Giès, 1994, vol. 2, nº 105).

H. C.

62.

Ceinture

Bronze doré
H. des parties d'orfèvrerie : 0,075 ; H. avec tissus : 0,095 ; L. totale : 0,777 ; E. : 0,028
Début XIe siècle
Liaoning ou Mongolie-Intérieure
M.C. 2004-12 a à i. Don de M. et Mme Yves et Lotus Mahé et de Mme Éliane Whal, 2004.

Le corps principal de cette ceinture est formé de quinze plaques décoratives accompagnées de leur anneau de serrage et de leur languette montées sur une lanière de cuir doublée d'un textile rehaussé de fils d'or. Autour de celui-ci s'organisent huit éléments secondaires : boucle, anneaux de serrage, plaques décoratives destinées aux lambrequins. Boucle et anneaux de serrage ont été réalisés en métal fondu et doré, les deux types d'accessoires sont néanmoins ornés de rinceaux d'un dessin différent. Les plaques décoratives, carrées, en forme de languette, oblongues ou en palmette sont en revanche

exécutées en métal martelé et doré à la feuille semble-t-il ; elles étaient à l'origine doublées d'un fond auquel elles étaient fixées par des rivets. Leur décor associe travail au perloir pour le fond, repoussé pour les motifs principaux et incision pour les détails. À l'exception des plaques oblongues et de celles en palmette ornées de fleurs de pivoine, toutes les autres sont ornées de brins de chrysanthème à fleur simple ou double.

Ce type de ceinture à lambrequins est un emprunt direct au Turcs Tujue dont le Khanat s'étendait au nord de la Chine entre le VIe et le VIIIe siècle (Sun, 1993, p. 56-57). Le nom de cet accessoire en

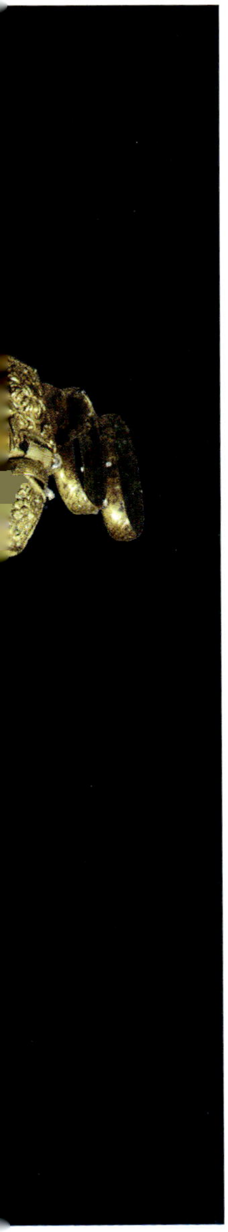

chinois (*diexie* : aller et venir) évoque sans doute le balancement des lanières de cuir auxquelles étaient à l'origine commodément suspendus divers objets de la vie quotidienne. Sous la dynastie des Liao, ce type de ceinture ne se rencontre qu'associée à des personnes, hommes ou femmes, inhumées dans la tradition kitan. Contrairement aux textes de la dynastie des Tang réglementant le nombre d'éléments et le matériau utilisé pour les ceintures rehaussées de plaques décoratives (Béguin-Laureillard, 2000, p. 105, n° 105), l'*Histoire officielle* des Liao reste confuse.

Les plaques en palmette d'abord évidées afin de permettre la suspension d'objets encombrants, se remplirent peu à peu. Cette évolution est peut-être due à leur fonction décorative croissante. L'une des pièces les plus proches est la ceinture funéraire en argent rehaussée de plaques d'or du prince consort Xiao Shaoju, auquel son épouse survécut jusqu'en 1018, non seulement de par la conformation des plaques en palmette mais également de par le motif de fleurs de chrysanthème moulé puis incisé sur un fond poinçonné au perloir ornant les plaques en forme de languette (Nei Menggu, 1993, pl. coul. 17 ; Béguin-Laureillard, 2000, p. 396-398, n° 164).

H. C.

63.

Parure funéraire féminine

Masque

Métal doré
0,23 ; 0,211
Mongolie-Intérieure ou Liaoning
Premier quart du XIIe siècle, dynastie des Liao (916-1125)
M.C. 2001-5. Don de M. et Mme Yves Mahé en mémoire de Jacqueline Simon Mahé, 2001.

Coiffe à ailettes

Métal doré
0,303 ; 0,244
Mongolie-Intérieure ou Liaoning
Premier quart du XIIe siècle, dynastie des Liao (916-1125)
M.C. 2001-6. Don de M. et Mme Yves Mahé en mémoire de Jacqueline Simon Mahé, 2001.

Collier

Or et pierres dures
0,332 ; 0,265
Mongolie-Intérieure ou Liaoning
Premier quart du XIIe siècle, dynastie des Liao (916-1125)
M.C. 2001-7a. Don de M. et Mme Yves Mahé en mémoire de Jacqueline Simon Mahé, 2001.

Pendants d'oreilles (?)

Or et pierres dures
0,067 ; 0,052
Mongolie-Intérieure ou Liaoning
Premier quart du XIIe siècle, dynastie des Liao (916-1125)
M.C. 2001-7b et c. Don de M. et Mme Yves Mahé en mémoire de Jacqueline Simon Mahé, 2001.

Cat. 63, coiffe, détail.

Les composants des deux parures funéraires cat. 63 et 64 sont autant de témoins précieux du mode d'inhumation en usage sous la dynastie des Liao au sein de l'élite kitan ; celui-ci associait momification du corps à l'emploi d'un costume funéraire élaboré dont certains éléments étaient métalliques. L'*Histoire officielle* des Liao ne fait qu'une vague mention de ces accessoires funéraires, les nommant simplement « objets qui couvrent le cadavre ». Deux tombes découvertes dans les années 1980 ont révélé des dépouilles parées suffisamment bien préservées pour vérifier et étoffer les rares détails mentionnés dans quelques textes anciens (Nei Menggu, 1993, pl. coul. 3).

Chacun des masques du musée Cernuschi fut réalisé dans une seule feuille de bronze mise en forme par martelage, le soin tout particulier apporté au polissage fut ensuite complété par la dorure. Les masques funéraires sont de loin les éléments les plus fréquemment trouvés lors de fouille. Ils sont rehaussés de rares détails, délicatement incisés, telles les moustaches qui permettent, seules, de distinguer avec certitude le masque masculin de son pendant féminin. Leurs paupières closes dessinent une élégante ligne onduleuse. Leurs visages aux traits adoucis et paisibles ressortissent au même style que celui du masque de la collection Halphen au musée Guimet (Delacour, 2001, p. 272-273) et se rapprochent de manière frappante de ceux d'un couple inhumé au cours du premier quart du XIIe siècle en Mongolie-Intérieure (Chifeng shi, 1993, n° 3, pl. 6, n°s 1 et 2). Les perforations ménagées sur le rebord des masques permettaient de les rattacher à un linceul de mailles. Le lobe des oreilles devait être orné de boucles d'oreilles dont une seule, en forme de félin, est encore en place sur le masque féminin. Le port de boucles d'oreilles, particulièrement en vogue sous les Liao, n'était pas propre aux Kitan et, contrairement à une opinion répandue même à l'époque, cette mode était largement en vogue dans l'empire voisin des Song (Zhang, 1987, p. 26).

Boucles d'oreilles ou ornements de tempe, les pendentifs formés de deux perles d'une matière laiteuse serties d'or se distinguent par l'importance inhabituelle de leur crochet. Ils accompagnent un collier formé d'éléments en cristal de roche, en améthyste et en or. La présence de tels colliers composites est récurrente dans les tombes Liao. Les coiffes funéraires sont en revanche plus rares : peu de celles confectionnées en textile ont sans doute subsisté. Chacun des masques du musée Cernuschi est associé à une coiffe en métal doré formée de plaques ajourées assemblées par des fils. La coiffe féminine, en bronze doré, est flanquée de hautes ailes verticales ; elle est soulignée par un bandeau dont le décor de rinceau est comparable à celui d'une coiffe découverte dans la bannière d'Ar Horqin (Chifeng shi, 1993, pl. 6, n° 1) et présente un décor de phénix parmi les nuages soigneusement rehaussé d'incisions. La morphologie agressive des phénix est caractéristique de la dynastie des Liao mais difficile à attribuer à une phase particulière. Deux coiffes de même forme ont été retrouvées en fouille, l'une en bronze doré (Nei Menggu, 1993, pl. coul. 16, n° 1), l'autre en soie (Liaoning sheng, 1975, p. 36, ill. 16). On ne connaît pas, pour l'instant, de précédent à ce type de couvre-chef. La coiffe masculine en argent doré est d'une facture plus complexe : vingt-quatre panneaux ajourés aux contours découpés en accolades sont agencés par groupes de trois sur une armature formée de quatre tiges. Chacun

Cat. 63, collier et pendants d'oreilles.

d'entre eux est orné d'un canard mandarin ou d'un phénix auxquels répondent huit oiseaux se balançant au bout de fils métalliques. Ces éléments mobiles ne sont pas sans rappeler les ornements de tête *buyao* de la période des Trois Yan (335-436) et du royaume coréen de Goguryeo (37 av.-668 apr. J.-C.) retrouvés en Chine du Nord-Est (Li, 1973, pl. 4.1). L'iconographie, en revanche, n'évoque plus le monde de la steppe mais la culture chinoise : les thèmes les plus fréquents sont les dragons ou les phénix associés au joyau enflammé. Bien qu'elles ne soient pas mentionnées dans l'*Histoire officielle des Liao*, de telles coiffes auraient pu faire partie du costume officiel des fonctionnaires (Zhu, 1998, p. 63). La recherche d'antécédents est largement ouverte : l'utilisation de feuilles de métal ajourées renverrait aux couronnes du royaume coréen de Silla (87-668 ; Bunker, White et So 1999, p. 33).

Les caractéristiques stylistiques de ce rare ensemble funéraire permettent de le dater du premier quart du XIIe siècle.

H. C.

64.

Parure funéraire masculine

Masque

Métal doré
0,241 ; 0,215
Mongolie Intérieure ou Liaoning
Premier quart du XIIe siècle, dynastie des Liao (916-1125)
M.C. 2001-8. Don de Mme et M. Agnès et Christian Deydier, 2001.

Coiffe

Métal doré
0,237 ; 0,283
Mongolie Intérieure ou Liaoning
Premier quart du XIIe siècle, dynastie des Liao (916-1125)
M.C. 2001-9. Don de Mme et M. Agnès et Christian Deydier, 2001.

Cat. 64, coiffe, détail.

65.

Silo à grains

Terre cuite
H. : 0,25 ; D. : 0,58
Dynastie des Song (960-1126)
M.C. 9914. Don de M. Jean-Michel Beurdeley, 1994.
Biblio. : Bobot, 1994, p. 114-115.

Ce vase fait partie du même ensemble que la porte de la ville entrée au musée en 1989 (Inv. M.C. 9817. *Cf.* Bobot, 1992, p. 151-152, n° 55).

Le traitement du mur aux assises de pierres marquées au ciseau avant la cuisson est identique. La même porte centrée, le même dessin des tuiles des deux étages de toiture, les mêmes acrotères en forme de têtes animales, le même dessin de triangles inversés garnissant l'étage intermédiaire fictif, la même couverte noirâtre se retrouvent à l'identique sur les deux œuvres.

Un test de thermoluminescence vient confirmer une datation autour du XIIe siècle. On ne connaît pas de pièces que l'on puisse étroitement comparer à ce silo. Dès la fin de l'époque des Tang en effet, les *mingqi* sont moins nombreux. La crémation de substituts divers en matériaux périssables, le plus souvent des représentations éphémères et colorées d'objets précieux, remplace peu à peu l'inhumation comme par le passé d'un mobilier funéraire pléthorique et coûteux.

66.

Bol à thé (*chazhan*) dans sa casette de cuisson

Grès et terre cuite
H. : 0,092 ; D. : 0,178
Fours de Jian, province de Fujian
Époque des Song du Sud (1127-1279)
M.C. 2000-8. Don François Dautresme, 2000.
Biblio. : Béguin, 2001, p. 133-135.

Cette œuvre est un précieux témoignage de la technique de cuisson des grès à l'époque des Song du Sud (1127-1279). Un petit bol des fours de Jian, dans la province de Fujian, au noir profond constellé de petites taches brunes, fait encore corps avec sa casette de cuisson. Un fond conique facilitait la superposition de semblables casettes, permettant la cuisson d'une grande quantité de pièces et une bonne répartition de la chaleur. Des photographies *in situ* présentent d'étroites parentés avec la pièce Dautresme (Zeng – Xu – Wang, 1988, fig. 86 à 240).

67.

Plat à décor taoïste

Porcelaine à couverte « blanc-bleuté » (*qingbai*)
H. : 0,03 ; D. : 0,204
Fours de Jingdezhen, province du Jiangxi
XIIIe siècle. Dynastie des Song du Sud (1127-1279)
M.C. 9931. Don de la Fondation Antoni Laurent, 1996.
Biblio. : Béguin, 1997, p. 132-133 ; Chollet *in* Béguin, 2000, p. 140-141, 206.

Ce plat repose sur un pied circulaire. Le corps de porcelaine, transparent par endroit, est mince, blanc et de texture fine. Il est revêtu d'une couverte azurée transparente et brillante. Seul la base en est dénuée. Sur celle-ci on aperçoit la marque de couleur rouille laissée par un support circulaire. Le décor a été réalisé au moule. Il est constitué de lobes profonds qui animent la paroi extérieure comme le *cavetto*. Le marli lobé est orné d'une double rangée de pétales délimitée par deux filets. Ceux du registre intérieur sont marqués de trois petits cercles. Dans sa forme générale comme dans le traitement de ses détails cette pièce évoque le travail du métal. Elle est par exemple très proche d'un plat lobé en argent provenant d'une cache Song découverte à Pingqiao dans le district de Piaoyang au Jiangsu (Xiao – Wang, 1986, p. 73, ill. 4.1). Le marli présente un motif triangulaire dessiné par un double filet associé à trois ponctuations voisin de celui du plat du musée Cernuschi. Ce modèle fut sans doute très populaire à l'époque puisqu'on le trouve également en porcelaine blanche (Jilin…, 1988, p. 75, ill. 3.7, pl. 6.1) dans l'empire des Jin (1125-1234).

Le médaillon central est imprimé d'une saynète se déroulant dans un paysage. Sur la droite, assis sous un pin, un vieillard s'appuie sur un long bâton. À gauche, son jeune serviteur lui présente des deux mains un objet ; entre eux danse une grue. L'arrière-plan est occupé à gauche par un rocher du lac Tai profondément creusé et au centre par une table basse portant un plateau de pêches. La grue, les pêches et le pin permettent d'identifier le vieillard comme étant un Immortel. Les scènes de ce genre sont fréquentes sous les Song, en particulier sur les miroirs (Wang – Yang, 1995, p. 474, ill. 2.5 ; Xu – Xu, 1991, p. 65, ill. 19). De tels miroirs se rencontrent également de manière contemporaine dans le territoire contrôlé par les Jin (1125-1234) (Zhang, 1986, p. 96, ill. 10).

Le caractère narratif du décor et le travail répétitif et rigide des bordures auraient semblé indiquer une datation plus tardive. Force est de constater que les deux aspects sont bien représentés dès le XIIIe siècle.

H. C.

68.

Tête de *bodhisattva*

Grès
H. : 0,40 ; L. : 0,26 ; P. : 0,20
Époque des Song (960-1279)
M.C. 2004-9. Legs Albert-Nicolas Dollinger, 2004.

Alors que la statuaire bouddhique chinoise des Ve, VIe et VIIe siècles connaît une succession rapide de styles très diversifiés, la dynastie des Tang (618-907) met fin à cette évolution par des créations de proportions majestueuses, à l'expression puissante et au traitement fortement décoratif. Ce nouveau canon sera répété à satiété durant des siècles. Ainsi, parallèlement à des œuvres fortement réalistes ou narratives, la dynastie des Song (960-1279) favorisera une esthétique directement issue du grand art du VIIIe siècle, plus ou moins abâtardie.

L'empâtement du visage, l'intensité du regard, en partie dissimulé par les paupières baissées comme lors d'un exercice de yoga, la répartition de la chevelure en boucles sont autant de traits qui perpétuent des poncifs Tang. L'œuvre était d'ailleurs considérée comme datant de cette époque lors de son achat à New York par le collectionneur comme l'atteste une ancienne étiquette sur le socle.

69.

Tête d'*arhat* (*luohan*) Kāśayapa (Kayebo ?)

Grès
H. : 0,24 ; L. : 0,165 ; P. : 0,165
Dynastie des Yuan (1279-1368)
M.C. 9943. Don de Josette et Théo Schulmann, 1997.
Biblio. : Béguin, 1998, p. 87.

Cette tête expressive de moine âgé appartenait peut-être à une statue d'un des compagnons du Buddha Śākyamuni. Les mérites obtenus par l'audition des prêches du Bienheureux ont permis à ses proches disciples d'atteindre l'Éveil. Chargés d'enseigner aux créatures la doctrine bouddhique durant toute la période cosmique présente jusqu'à la venue de Maitreya, le *buddha* des temps futurs, ils sont l'objet de vénération et reçoivent un culte spécial (Béguin, 1995, p. 333-336). De seize dans la tradition indienne, leur nombre sera porté à dix-huit en Extrême-Orient. Ce cycle, à l'origine centré sur Piṇḍola Bhāradvāja, semble avoir été composé dans des communautés mahāyāna de Ceylan, minoritaires dans cette île majoritairement theravādin.

Plus vraisemblablement, la tête du musée Cernuschi a pu appartenir à une statue d'un des deux compagnons qui entourent traditionnellement Śākyamuni.

En Chine, dans les sanctuaires des diverses traditions du Mahāyāna, le juvénile Ānanda (*Anan*) et le vieillard Mahākāśyapa (*Mohejiaiye*) flanquent ces statues. Dans les nombreux temples lamaïques de Chine du Nord, ces rôles sont dévolus à deux autres disciples Śāriputra et Maudgalyāyana.

Dans la littérature du Mahāyāna, plusieurs personnages portent le nom de Kāśyapa, qui littéralement signifie « qui appartient à la lignée des Kāśi ». Ainsi peu après son premier sermon à Sārnāth, Śākyamuni convertit les « Trois Kāśyapa » (Kāśyapa d'Uruvilvā et ses cadets Nadī Kāśyapa et Gaya Kāśyapa) et leurs nombreux disciples. Ces ascètes sont dits « portant chignon » (*jatila*) et sont d'ardents sectateurs d'Agni, le dieu védique du feu.

Dasábula Kāśyapa quant à lui convertit Ānanda, le cousin du Buddha, à la doctrine nouvelle. Pūruna Kāśyapa était un ascète hétérodoxe qui, dans les enfers, se convertit alors qu'il est visité par Śāriputra et Maudgalyāyana.

Autre personnage de l'entourage immédiat de Śākyamuni, Mahākāśyapa, avant sa conversion, vivait dans la plus profonde austérité. Ainsi, il resta chaste avec l'épouse que sa famille lui avait assignée et avec l'assentiment de la jeune femme. Après avoir rejoint la communauté, un jour le Buddha le fit asseoir à sa place, présageant le rôle éminent qui lui incomberait après sa disparition. Des années plus tard, ayant rejoint la communauté entourant Śākyamuni sur son bûcher funéraire, celui-ci s'enflamma spontanément en sa présence. Ses dissensions avec Ānanda aboutirent au premier concile de Rājagṛha (vers 477 av. J.-C.). À la fin de sa vie, le saint homme se rendit à la Montagne du Coq (Kukkuṭapāda) qui se referma sur lui, interdisant au roi Ajātaśatru et à Ānanda de lui rendre un dernier hommage.

La nouvelle tête du musée Cernuschi, au faciès sévère, possède les pommettes saillantes et les sourcils épais que l'on trouve habituellement sur les représentations de Mahākāśyapa.

Bien que perpétuant une esthétique des VIIe et VIIIe siècles, période qui voit l'apogée des Tang (618-907), la tête Schulmann, par sa facture appliquée bien qu'expressive, doit être située plus tard, sans doute à l'époque des Yuan (1260-1368). Les rides très accusées se retrouvent sur une tête de *luohan*, autrefois sur le marché londonien (Sotheby's ; Londres, 13 décembre 1983, n° 58).

70.

Le *bodhisattva* Avalokiteśvara (Guanyin)

Bois avec traces de polychromie
H. : 0,84 ; L. : 0,565 ; P. : 0,40
Fin de la dynastie des Yuan (1279-1368)
ou début de la dynastie des Ming (1368-1644)
M.C. 9944. Don de Josette et Théo Schulmann, 1997.
Biblio. : Béguin, 1998, p. 87-88.

La déité est assise en délassement royal (*rājalīlāsana*) au sommet de l'île-montagne Potalaka qui lui sert de résidence dans l'Océan du Sud. Cette forme du *bodhisattva* Avalokiteśvara est décrite dans l'*Avātaṃsaka Sūtra* dont trois traductions en chinois sont recensées entre le Vᵉ et le VIIIᵉ siècle.

Ces représentations d' « Avalokiteśvara des mers du Sud » (Nanhai Guanyin) furent particulièrement nombreuses du Xᵉ au XIVᵉ siècles, en particulier dans la province du Shanxi qui abrite deux sites bouddhiques importants, Taiyan et Wutaishan. Les plus accomplies datent peut-être de la dynastie des Jin (1115-1234). L'imposante Guanyin Schulmann est beaucoup plus récente et témoigne de la perpétuation de ces modèles anciens au XIVᵉ ou au XVᵉ siècle.

71.

Paire de coffres

Bois laqué, incrusté
M.C. 9932a : H. : 0,718 ; L : 0,959 ; P. : 0,636
M.C. 9932b : H. : 0,865 ; L : 0,952 ; P. : 0,634
M.C. 9932c : H. : 0,721 ; L : 0,952 ; P. : 0,635
M.C. 9932d : H. : 0,864 ; L : 0,951 ; P. : 0,633
Chine du Sud. Province du Jiangxi (?)
Première moitié du XVIIe siècle. Dynastie des Ming (1368-1644)
M.C. 9932 a-d. Don de Mme F. B. sous réserve d'usufruit en souvenir de son mari, 1996.
Biblio. : Béguin, 1997, p. 133-134.

Les coffres (M.C. 9932 a et c), dépourvus de pieds, sont montés sur des soubassements ouvrant par des portes à la française (M.C. 9932 b et d). La face des coffres, en bois laqué noir, porte un somptueux décor de phénix à la queue épanouie, juché sur un rocher d'où s'échappent des arbustes fleuris, l'ensemble obtenu par des incrustations de larges fragments de nacre. Sur les soubassements, on remarque un décor floral analogue. Un mince registre rinceaux floraux cerne les façades de ces armoirettes. Ce détail n'apparaît pas sur les coffres eux-mêmes.

Bien que le mobilier ait été acquis à Beijing au tout début du XXe siècle, son lieu de fabrication est à situer en Chine du Sud, peut-être dans la province du Jiangxi.

La technique de la laque incrustée (*luodian*) apparaît à l'époque des Tang (618-907) et connaît sous les dynasties suivantes des applications diverses. Un traité, le *Geguyaolun* (1387, 1459), apporte diverses considérations sur ce sujet (Beurdeley, 1979, p. 114). Dans les dernières décennies de la dynastie des Ming (1368-1644), cette technique de laque incrustée de nacre connut plus particulièrement la faveur des amateurs.

Un grand fauteuil autrefois dans la collection C. T. Loo (Beurdeley, 1979, p. 116, fig. 158), daté du XVIe ou du début du XVIIe siècle, présente un traitement des fleurettes identique à celui des coffres de Mme F. B. Deux coffres presque identiques mais dépourvus de soubassement ont été présentés chez un antiquaire de la Rive gauche en 2004 (*Les trésors*..., 2004, s.p.). Un soubassement analogue mais à la face supérieure décorée, a été présenté récemment sur le marché américain (Bonhams..., 2004, p. 27, 64, no 4196).

Un coffre très proche, dépourvu de soubassement mais muni de pieds renforcés par des talons de cuivre, a été présenté par l'étude Couturier à l'Hôtel Drouot le 5 décembre 1985. L'objet était identifié comme un coffre à chapeaux.

La même technique fut en usage en Corée. Deux armoires au décor de branchages en nacre incrustée et aux registres latéraux ornés de fleurettes, considérés comme étant du XVe siècle, sont conservées dans la collection Tōgandō de Kyōto (Munroe, 1998, p. 108).

72.

Éléments d'une garniture d'autel

Émaux cloisonnés
M.C. 9933a : H. : 0,334 ; L. : 0,312 ; P. : 0,225
M.C. 9933b : H. : 0,377 ; D. : 0,015
M.C. 9933c : H. : 0,375 ; D. : 0,165
Règne de Qianlong (1736-1796)
M.C. 9933 a, b, c. Don de Mme F. B. sous réserve d'usufruit en souvenir de son mari, 1996.
Biblio. : Béguin, 1997, p. 134.

À partir de l'époque des Song (960-1279), des ouvrages historiques, tel le *Kaogutu*, illustrés de vignettes xylogravées, avaient familiarisé le public des lettrés avec les vestiges archéologiques découverts entre autres au Henan et au Shaanxi. À l'époque des Yuan (1279-1368), l'usage se répandit de placer sur les autels des divers cultes une série de vases dont les formes s'inspiraient des bronzes archaïques. Aux époques des Ming (1368-1644) et des Qing (1644-1911), les garnitures étaient systématiquement composées de cinq éléments : un brûle-parfum central inspiré de vases antiques, souvent comme ici des tripodes (*ding*), deux chandeliers et deux vases à fleurs à l'ouverture évasée en cornet, variation sur la forme des coupes à libation (*gu*) de l'époque des Shang (vers 1550-1050 av. J.-C.). Dans la garniture de la donation F. B., ces derniers éléments, séparés lors d'une succession, manquent. Un bon exemple *in situ* de ce dispositif est fourni par une photographie ancienne prise dans le pavillon Daxiongbaodian du temple Danzhe, près de Beijing (Brinker – Lutz, 1989, p. 53, fig. 29). Un ensemble complet fait partie de la collection Uldry (Brinker – Lutz, 1989, nº 267). Par la forme du décor, on peut rattacher ces objets à l'abondante production du règne de Qianlong (1736-1796).

73.

Yao Hua (1876-1930), *Fleurs dans un vase*

Encre et couleur sur papier.
H. : 0,96 ; L. : 0,337
1929
M.C. 2004.13. Don de la famille Barrère en mémoire de Georges Yakovlievitch, 2004.

Yao Hua est une figure marquante des cercles artistiques et littéraires de Pékin dans l'entre-deux guerres. Son activité embrasse de nombreux domaines, allant de la poésie au théâtre, de l'épigraphie à la calligraphie. Venu à la peinture tardivement, il s'illustre pourtant dans tous les genres : peinture de fleurs et d'oiseaux, mais aussi de paysage et de personnages, ce dernier genre étant marqué par une prédilection pour les figures bouddhiques.

Ses peintures de fleurs permettent de juger de l'évolution radicale de son style entre les années 10 et les années 20. Abandonnant une facture minutieuse au profit d'une manière libre, il prolonge le mouvement de renouvellement du genre dont Wu Changshuo (1844-1927) fut l'initiateur. Son œuvre se développe en interaction avec celles d'un Chen Shizeng (1876-1923) ou d'un Qi Baishi (1863-1957), également actifs à Pékin dans l'entre-deux guerres.

On retrouve dans ce vase aux fleurs daté 1929, l'aboutissement de ce travail. La silhouette élancée du vase, tracée d'une main volontairement maladroite, est décalée vers la partie droite de la peinture. Ce principe de composition, commun à Yao Hua et à Chen Shizeng, réserve une part importante de la peinture à la calligraphie. Ici l'écriture semi-cursive accuse un usage contrasté des valeurs d'encre. Elle présente par ailleurs les mêmes maladresses calculées qui caractérisent sa peinture.

Le poème en marge de l'œuvre développe un réseau métaphorique dont le thème central est la fleur. Symboles du printemps qui s'enfuit, les fleurs deviennent l'image du tribut payé par le peuple à la guerre en ces temps de division intérieure. En effet Yao Hua précise que ce poème a été écrit un an auparavant au moment où le seigneur de la guerre Zhang Zuolin quittait Pékin pour se replier vers la région du Nord-Est, suite à l'expédition militaire vers le nord menée par Jiang Jieshi (Chiang Kai-Chek).

INSCRIPTION :
Die lian hua,

Man yuan miwu chun qie qu,
Lan wei bei qian wan de chun guang zhu.
Yi duo yu zhan chun si du,
Yao ping xun de an hua chu.
Ying meng feng tai hua ke pu,
Shi li yang zhou bu jian sheng ge lu.
Jian dao shui hua hua jian hu,
Chun sui wei qu chu fei gu. »

Ci qunian chun xia zhi jian suo tian ci, qi shi Guandong jianer wofu danglu shishi hengzheng, gu you shui hua zhi yu, geng tu wei zhi. Jisi furi lianhua an bingji. Yao Hua Mangfu canbi cihua. »

« Sur l'air du Papillon épris du Printemps

Les livèches emplissent le jardin, le printemps s'en va,
Avant la coupe des pivoines, retenons la lumière du printemps.
La fleur dont je désire orner mes cheveux rendrait le printemps
[jaloux,
Un vase est le lieu auquel j'aspire à déposer la fleur.
De fleurs du cardinal la terrasse déborde, fleurs dignes
[d'être chantées,
Aux alentours de Yangzhou, les airs et les chants ne faiblissent
[bas.
Pourtant la rumeur me parvient qu'on prélève des fleurs, que les
[fleurs déclinent en masse,
Bien que le printemps ne soit pas encore fini, déjà le printemps
[n'est plus.»

J'ai écrit ce poème l'an dernier entre le printemps et l'été. À ce moment les vaillants combattants du Nord-Est, s'étant saisi des insignes du pouvoir, menaient leur expédition brutale. C'est pour cette raison que j'ai évoqué les fleurs que l'on prélève, et que j'ai représenté l'une d'elle par la parole et la peinture.

Composé pendant le sixième mois de l'année Jisi (1929) à l'Ermitage aux fleurs de lotus par Yao Hua, le patriarche insaisissable au bras invalide. »

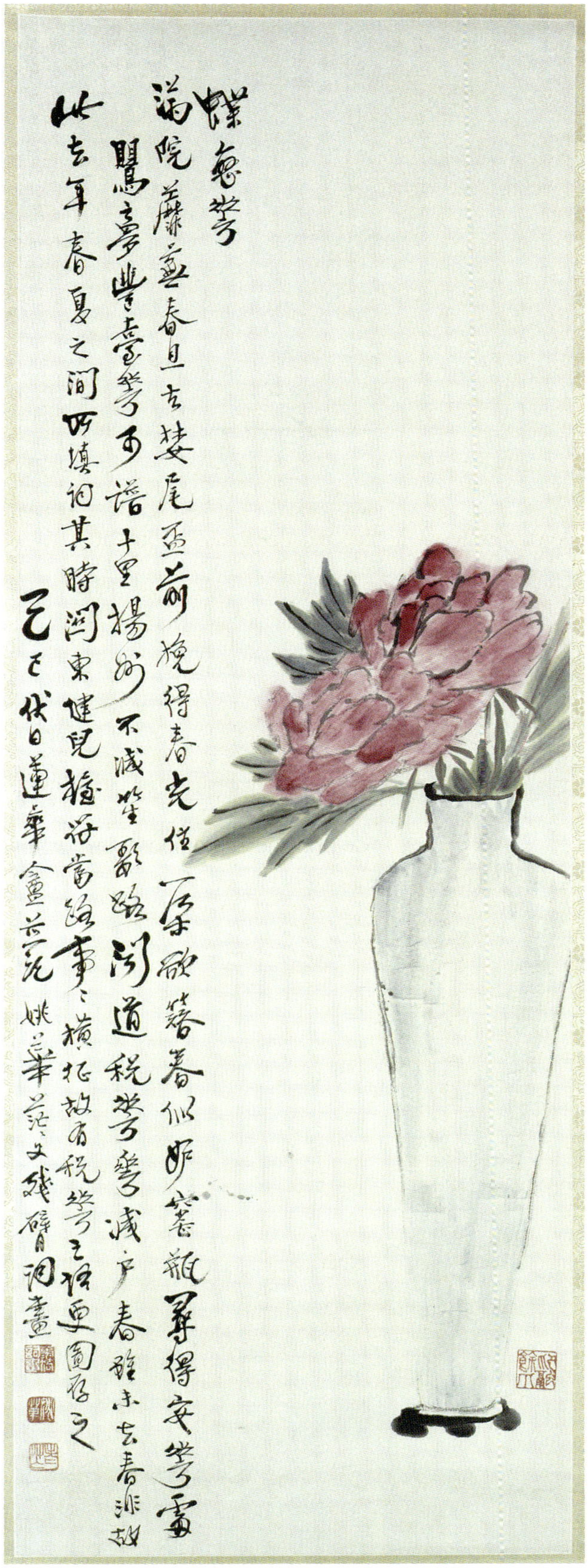

Quatre sceaux :

Sous la signature de haut en bas :

« Yao Hua », « ? ? Ci Hua », « Lao Mang ».

En bas à droite :

« Pa Rong Yu Zhua ».

É. L.

74.

Yao Hua (1876-1930)

Sentences parallèles en style sigillaire

Encre sur papier.
H. : 0,335 ; L. : 1,365
vers 1920
M.C 2004.17-M.C. 2004.18. Don de la famille Barrère, en mémoire de Georges Yakovlievitch, 2004.

Cette paire de sentences parallèles de style sigillaire illustre l'intérêt de Yao Hua pour les formes d'écritures les plus anciennes. Investi dans les recherches épigraphiques, il collectionne les estampages reproduisant les inscriptions antiques. Il semble que les inscriptions sur pierre les plus anciennes, comme le « Taishan keshi » (« Inscriptions sur pierre du mont Tai »), datant du règne du premier empereur Qin (221-206 av J.-C.), aient été une source d'inspiration privilégiée de Yao Hua.

Cette calligraphie conserve moins l'esprit du ciseau gravant la pierre, qu'elle ne se réfère à l'usure des inscriptions antiques émoussées par les siècles. L'énergie contenue, les variations accusées des valeurs d'encre, concourent à l'impression de maladresse archaïsante propre au style sigillaire. Ce retour aux origines, apparu sous la dynastie des Qing chez certains calligraphes comme Deng Shiru (1743-1805) ou Zhao Zhichen (1781-1852) s'accorde dans les années vingt à la recherche d'une certaine modernité formelle dont Yao Hua est l'un des représentants.

La forme des sentences parallèles permet à Yao Hua de faire figurer en vis-à-vis deux moments de la pensée. Il s'agit d'un constat concernant le cours inexorable du temps et le caractère périssable de toute chose, en particulier des œuvres humaines. La première sentence est empruntée à Wang Lizhi (307-365), la seconde à Huang Tingjian (1045-1105).

INSCRIPTION

« *Fu yang zhi jian yi chen ji / Tan xiao yu shi shu jiu ke* »

« Le temps de baisser et de relever les yeux, et tout est déjà consommé
À peine échangés une parole ou un rire, que l'ancien style est dépassé »

DEUX SCEAUX :

Sous la signature, de haut en bas :

« Yao Hua », « Lao Mang »

É. L.

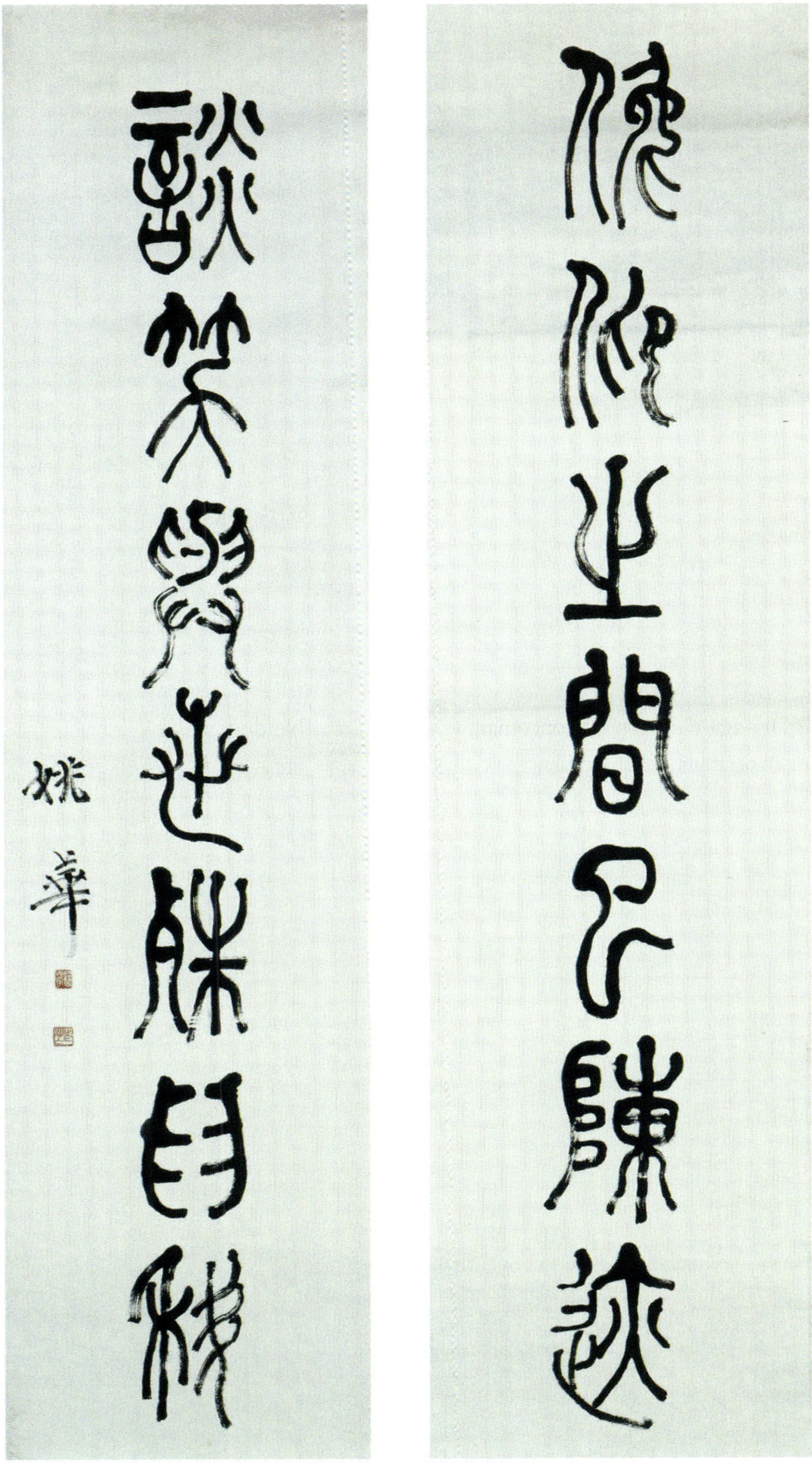
姚華

75.

Qi Baishi (1863-1957)

Pie

Encre et couleur sur papier
H. : 1,313 ; L. : 0,335
Années 1930
M.C. 2002-2. Don de la Fondation Antoni Laurent avec une participation de la Société des Amis du musée Cernuschi, 2002.
Biblio. : Béguin, 2003.

Parmi les différents genres pratiqués par Qi Baishi, la peinture de fleurs et oiseaux occupe une place singulière. Ce genre pratiqué de manière continue pendant près de soixante-dix ans de création picturale permet d'illustrer les différents renouvellements du style de l'artiste. Ainsi au tournant du siècle, la facture minutieuse des oiseaux et insectes, héritage de sa formation artisanale et de l'enseignement de Hu Zizhuo (Hu Qinyuan), cède la place aux expérimentations inspirées de Badashanren (1626-1705). Dans les années 20, la peinture de fleurs et d'oiseaux va être le lieu de formation d'un style personnel, aujourd'hui considéré comme le plus représentatif de l'artiste.

La pie appartient à cette période inaugurée à la fin des années vingt et qui va se poursuivre dans les années trente. Le sujet est de nature bénéfique en raison d'une homophonie entre le caractère *xi* (pie) et le caractère *xi* (bonheur). Comme le suggère le poème qui accompagne la peinture l'oiseau est représenté dans l'instant d'hésitation qui précède l'envol.

Le rapprochement entre la peinture du musée Cernuschi et une peinture de sujet et de composition analogue datée des dernières années du XIXe siècle (Xu Gai, 2000, p. 28) permet de mesurer l'originalité des années de vieillesse de l'artiste. Le déploiement de la calligraphie sur toute la hauteur de la composition instaure un rapport d'échelle favorable aux correspondances stylistiques entre écriture et peinture. Ainsi le tracé sec des branches entremêlées est en accord avec le tracé chargé d'énergie des caractères. Par ailleurs, si la composition repose sur une opposition de couleurs – contraste du noir et blanc du plumage de l'oiseau, du noir et du rouge au niveau des feuilles – cette opposition ménage une part d'harmonie en mêlant du rouge au gris au niveau des branches et du gris au rouge à la frange des feuilles.

INSCRIPTION :

« *Gua bi zhi wu hen/ Ru hao mo you shen / Que er ling yu yue / Si ye zheng xi ren*
Baishi shanweng ti jiu ju"

« Le papier sans traces accroché au mur,
S'anime au contact de l'encre et du pinceau glissant,
La jeune pie, vive, désire d'un bond s'envoler,
Pour aller aux quatre coins du pays, réjouir les hommes. »
Le vieillard de la montagne Baishi a inscrit cette ancienne sentence.

SCEAU :

« Baishi Weng »

É. L.

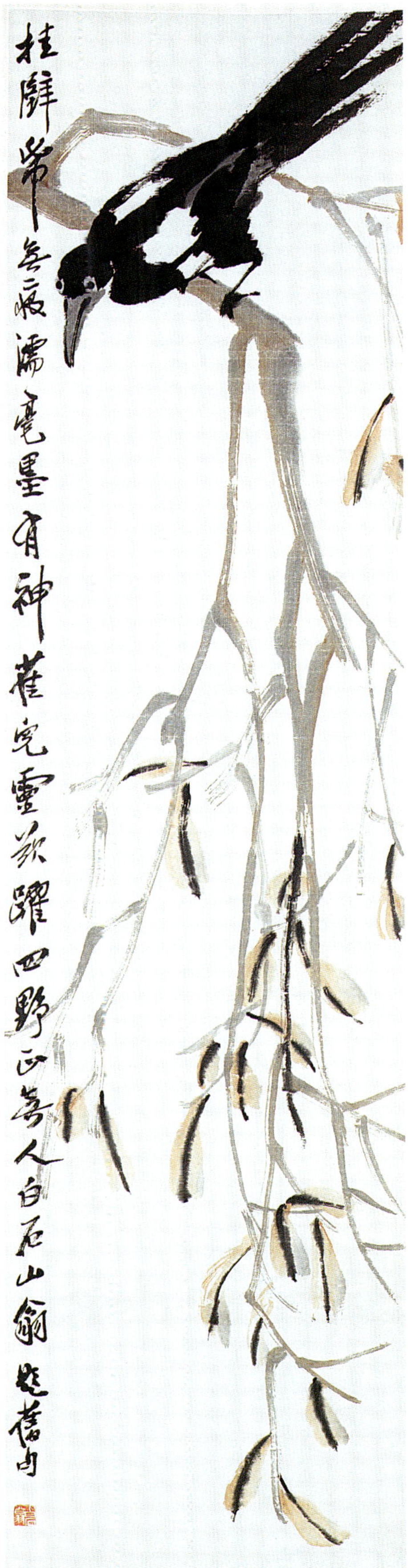

借山吟館主者于舊京製

76.

Qi Baishi (1863-1957)

Lotus rouges

Encre et couleur sur papier
années 1930
H.1,04 ; L : 0,39
M.C.2004-2. Don Maître Coffy de Boisdeffre, 2004.

L'œuvre de Qi Baishi s'inscrit dans le cadre des genres traditionnels de la peinture chinoise, que l'on peut regrouper en paysage, fleurs et oiseaux, et personnages. Toutefois son attachement à décliner certains sujets comme, par exemple, les crabes ou les crevettes, lui a permis d'investir le monde des animaux et des plantes et de le renouveler par une thématique personnelle. Inversement, face à un sujet plus souvent élu par les peintres, comme les lotus, la répétition du motif permet d'appréhender le végétal dans son devenir.

À la différence des peintures de lotus fanés de l'automne dont les tiges sèches et les brisures rythmées sont souvent rendues au moyen d'un pinceau sec, ou des lotus d'été aux larges plages d'encre évoquant les feuilles épanouies, il s'agit ici d'une fleur de mi-saison.

Un lotus encore dressé vers le ciel est déjà dépouillé de ses pétales, tandis que l'autre est déjà rabattu vers le sol. Au moment où les feuilles commencent à se flétrir et à se déformer en s'enroulant sur elles-mêmes, l'opposition de couleur et de texture entre la face et le revers des feuilles, présente un aspect particulièrement intéressant. La feuille rabattue est représentée dans le même plan que la face, et seule la couleur les oppose. Le jeu des nervures, étrangement analogue, est néanmoins inversé sur la face et sur le revers. En définitive, cette opposition de couleur, confrontation alternée du positif à son négatif, donne à l'œuvre sa cohérence.

Comme « La Pie », (M.C. 2002-2), cette peinture est caractéristique des années de vieillesse de Qi Baishi. La peinture est signée du « maître du cabinet littéraire Jieshan », une référence au pavillon d'une résidence où le peintre a séjourné régulièrement à partir de la fin des années vingt. Par ailleurs il faut signaler une œuvre de même sujet conservée au musée des Beaux-Arts de Chine (Honghe, 1946, Zhongguo Meishuguan).

INSCRIPTION :
« *Jieshan yinguan zhuzhe yu jiujing zhi* »
« Réalisé à Pékin par le maître du cabinet littéraire Jieshan »

SCEAU :
« Baishi Weng »

É. L

77.

Lin Fengmian (1900-1991)

Pietà

Encre et couleur sur papier
H. : 0,685 ; L. : 0,645
Années 1930
M.C. 10044. Don de Mme Édith Désaleux, 1999.
Biblio. : Béguin, 2000, a, p 158 Gournay, 2002, p. 272.

La représentation de la douleur occupe une place importante dans l'œuvre peint et les écrits de Lin Fengmian. Depuis le discours programme de 1927 l'intérêt de l'artiste pour la peinture des sentiments sous une forme visant à l'universel ne s'est pas démentie. En particulier, l'expression de la souffrance retient l'attention du peintre, de l'œuvre manifeste de 1929, « la douleur de l'humanité », aux peintures testamentaires des années 1980. Dans cette perspective le recours à l'iconographie chrétienne fournit à l'artiste les sujets qui lui permettent d'exprimer les sentiments les plus pathétiques de la gamme affective. Plusieurs peintures des années de vieillesse comme la *Pietà* de 1978 (Lang Shaojun, 2002) ou le *Christ en croix* de 1988, (Meishu 1990, 1) illustrent cet aspect de l'œuvre de l'artiste.

La *Pietà* du musée Cernuschi, datée du début des années trente, constitue une étape essentielle de la réflexion de Lin Fengmian sur le thème du corps souffrant. À bien des égards elle apparaît comme la mise en pratique des réflexions de la fin des années vingt. Interrogeant les rapports qui unissent l'art et le sacré dans l'histoire de l'art occidental, Lin Fengmian définissait l'art comme une migration affective de l'œuvre au spectateur. À cette époque l'artiste s'orientait vers la convergence entre l'Orient et l'Occident en n'hésitant pas à renoncer à une partie de l'héritage chinois. Pourtant dans la *Pietà*, il utilise les moyens traditionnels du peintre oriental, encre et papier. Par son format modeste et sa composition ramassée, l'œuvre constitue moins une démonstration expressive qu'elle ne tend à une intériorisation de la douleur. Le cerne affirmé détermine la cohésion du groupe, les valeurs contrastées de l'encre ménagent quelques coups de lumière qui auréolent le visage des deux femmes et creusent la poitrine du Christ. L'équilibre ainsi obtenu entre les effets de la peinture chinoise et occidentale, prolonge et dépasse les théories des années vingt : répondant aux visées de l'artiste, il génère la sympathie, créant chez le spectateur le sentiment d'une souffrance partagée.

É. L.

78.

Lin Fengmian (1900-1991)
« *Huangshan* » (*Les Montagnes jaunes*)

Encre et couleur sur papier
H. : 0,85 ; L. : 0,85
1978
MC 9912. Don Anonyme, 1993.
Biblio. : Lin Fon-Ming, 1979, n°66. Bobot, 1994, p. 113.

Lin Fengmian a consigné dans ses mémoires le souvenir de sa première visite aux Huangshan en 1959. Il semble avoir alors réalisé de nombreuses esquisses sur le motif. Toutefois c'est seulement à partir de 1977, date de son départ pour Hong Kong que les montagnes jaunes vont devenir l'un des sujets privilégiés du peintre. La série de peintures du Huangshan des années 1980 marque un renouvellement par rapport aux paysages des années 50 et 60. Les formes du paysage qui font l'objet d'une simplification géométrique, semblent se répéter d'une peinture à l'autre, devenant le théâtre d'un libre jeu de couleurs aux contrastes accusés (Lang Shaojun, 2002, p. 194, 195).

La peinture du musée Cernuschi date de la genèse de ce nouveau style. Les montagnes en dents de scie forment cercle autour d'un plateau surmonté de maisons entourées d'arbres selon un schéma formel qui ne sera plus remis en question par l'artiste. La composition structurée par l'opposition du bleu et du vert, est modulée par une palette nuancée de jaune et d'ocre qui annonce l'ouverture chromatique des années 80. Il s'agit donc d'un témoignage d'une période de transition, prélude aux innovations des dernières années de création du peintre.

É. L.

79.

Xie Zhiguang, (1900-1976)

Paysage

Encre et couleur sur papier
H. : 0,965 ; L. : 0,36
Années 1970
M.C. 2004-25. Don de la Mont-Blanc Foundation et de Mme Lotus Mahé, lauréate du Prix Mont-Blanc pour l'action culturelle 2004 en France par l'intermédiaire de la Société des Amis du musée Cernuschi, 2004.

Aux côtés de Zhu Qizhan (1892-1996), ou Qian Shoutie (1896-1967), Xie Zhiguang est l'un des principaux représentants de l'école de Shanghai. Célèbre avant-guerre pour ses peintures de calendrier, le peintre s'est également illustré dans les genres de la peinture de personnages, de paysages ou d'oiseaux et de fleurs.

Ce paysage appartient aux dernières années de création du peintre ; années pendant lesquelles se manifeste une grande liberté dans sa manière. La composition repose sur la triple répétition du profil aigu de la montagne, rythme ternaire qui répond aux trois plages blanches correspondant au ciel, aux nuages, et à la mer. L'élévation est rendue au moyen d'une utilisation tranchée des valeurs d'encre. Au plan supérieur le pic qui surplombe l'ensemble est saturé en encre. Reprise au pinceau sec, la montagne intermédiaire tranche par ses tons clairs et la qualité aérienne de son rendu. Elle domine une ultime falaise dont le contour est souligné par un pinceau plus chargé en encre. Au sommet on retrouve une forme de pin caractéristique du peintre : l'encre, en fusant dans l'eau, permet de poser les masses du feuillage, tandis qu'un geste latéral du plat d'un pinceau sec donne à la coiffe du pin un élan qui est la signature de Xie Zhiguang. Au pied de la falaise un bouquet d'arbres et de rochers présente une grande variété dans la touche. L'usage de la couleur, associée à l'encre diluée ou résultat d'aspersions contrôlées, impose l'impression d'une grande spontanéité dans l'exécution.

SIGNATURE :
« Zhiguang »

SCEAUX :
Sous la signature « Xie Zhiguang »
En bas à gauche « Xuxu Zhai »

É. L.

80.

Xie Zhiguang, (1900-1976)

Pin

Encre et couleur sur papier
H. : 0,974 ; L. : 0,448
Années 1970
M.C. 2004-26. Don de la Mont-Blanc Foundation et de Mme Lotus Mahé, lauréate du Prix Mont-Blanc pour l'action culturelle 2004 en France par l'intermédiaire de la Société des Amis du musée Cernuschi, 2004.

Cette vigoureuse peinture du pin témoigne de manière exemplaire des partis pris techniques de l'artiste. L'utilisation de lavis dilués permet de définir la composition moins par le contour que par les masses. Ici la fonction du trait n'est pas de circonscrire la forme ou de décrire un épiderme, mais de transmettre l'énergie. Les lignes formant réseau innervent l'ensemble de la peinture.

Le peintre fait preuve d'une grande audace dans la composition. L'opposition de forces contradictoires, qui se noue au niveau de la séparation des branches, se résout par l'explosion d'un double bouquet d'aiguilles. Le contraste accusé entre les valeurs de l'encre menace l'ensemble d'un déséquilibre, déséquilibre suspendu par le tracé sec des lianes le long du tronc qui se posent en contrepoint au faisceau noir des épines.

Cette œuvre,comme la peinture de paysage (M.C. 2004-25), illustre la dernière manière de l'artiste.

SIGNATURE :
« Zhiguang »

SCEAU :
« Xie Zhiguang »

É. L.

81.

Wu Guanzhong (né en 1919)

Forêt de bambous et champs irrigués

Encre et couleurs sur papier
H. : 0,685 ; L. : 1,39
1992
M.C. 9911. Don de Wu Guanzhong, 1993.
Biblio. : Encres récentes de Wu Guanzhong, musée Cernuschi, 1993, p. 45, Bobot, 1994, p. 114.

L'œuvre de Wu Guanzhong est partagée entre la peinture à l'huile, matériaux et techniques privilégiés des années de formation et de maturité, et le travail de l'encre que l'artiste a pratiqué dès sa jeunesse, et auquel il reviendra dans les années 1970. Pour Wu Guanzhong ce changement de médium a des implications esthétiques immédiates. Par le biais de l'encre l'artiste établit une relation non contrainte au réel qui est la condition à une approche formelle de l'art revendiquée dans ses écrits. Au cours des années 1980 le développement de ces conceptions le conduit à une abstraction progressive des formes.

La peinture intitulée *Forêt de bambous et champs irrigués*, donnée par Wu Guanzhong au musée Cernuschi, est l'aboutissement de ce travail. Le parti radical adopté par le peintre consiste à superposer deux plans, distincts par la seule intensité de l'encre qui signifie la distance. Le lavis sinueux évoque les remous à la surface d'un plan d'eau tandis que les traits verticaux renvoient à la densité de la forêt. Si le rythme des troncs confine à l'abstraction, le tracé des feuilles, caractéristique du bambou, semble suspendre ce processus, afin de préserver une relation suggestive au sujet représenté. La couleur est projetée en gouttes à la surface.

L'œuvre participe du même style qu'une série de peintures datées du début des années 1990, qui reprennent le même format horizontal et la composition en plans superposés. L'effet monumental propre à ces œuvres, dont *le Banyan* (Ch. Chu, 2002) est la formulation exemplaire, est modulé dans le cas de *Forêt de bambous et rizière* par une conception rythmique singulière qui n'est pas sans évoquer certains maîtres de la tradition classique. L'œuvre avait été exposée lors de l'exposition rétrospective du peintre organisée au musée Cernuschi en 1993.

INSCRIPTION :

« *jiushi niandai* », « années 90 »

SCEAU

« *Wu Guanzhong yin* », « sceau de Wu Guanzhong »

É. L

82.

Zhu Dejun (Chu Teh-Chun) (né en 1920)

Paysage abstrait

Encre sur papier
H. : 0,573 ; L. : 0,694
1993
MC 9917 Don de Chu Teh-Chun, 1993.

Depuis ses années de formation, Chu Teh-Chun n'a jamais perdu le contact avec le travail de l'encre, auquel il semble s'être exercé de manière continue. Toutefois, pour des raisons diverses, cet aspect de son travail a longtemps été réservé à l'atelier. Étudiant aux Beaux-Arts de Hangzhou à la fin des années 30, le cœur de son apprentissage est constitué par la technique à l'huile, et son attirance pour la peinture traditionnelle s'exprime en marge du cursus universitaire. Le style inspiré de sa rencontre avec la peinture non-figurative à Paris dans les années 50, s'impose sous la forme de peinture à l'huile qui reste le médium privilégié du peintre. Ainsi le travail à l'encre, s'il n'a cessé de nourrir l'œuvre de Chu Teh-Chun dans son évolution, est resté longtemps en retrait.

Dans l'ouvrage de Pierre Cabanne consacré au peintre en 1993, des huiles retraçant l'itinéraire du peintre de manière rétrospective sont publiées en vis-à-vis d'encres récentes datées de 1993. Une photographie d'atelier montre l'artiste et l'auteur face à une série de peintures à l'encre dont la composition s'apparente à l'œuvre du musée Cernuschi (Cabanne, 1993). Toutefois, si ces peintures ont la spontanéité de l'esquisse, cette dernière se distingue par son caractère achevé : un fini emprunté à ses compositions à l'huile. La peinture témoigne en effet d'apports en encre successifs. Les plages et taches constituent des masses autour d'une mince frange laissée en réserve. Au sein de cet espace les points et les lignes, figures de la concentration ou du dégagement, sont des vecteurs d'énergie.

SIGNATURE :

« Chu Teh-Chun » 93.

É. L.

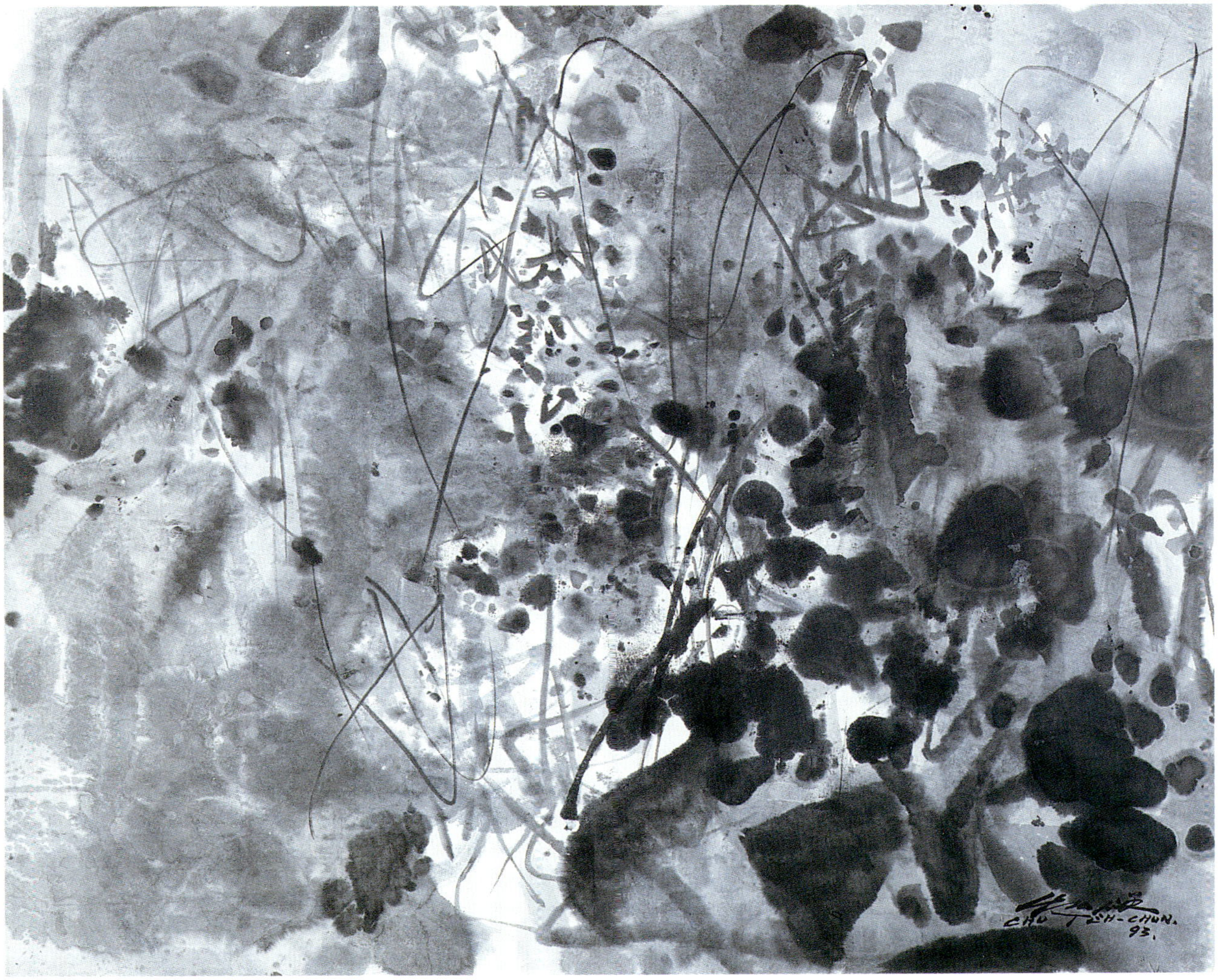
CHU TEH-CHUN.
93.

Cat. 39, détail

Chine

Archéologie :

83. Pied d'un gobelet *gu*

Bronze
H. : 0,104 ; D. : 0,088
Chine septentrionale.
Époque de Erligang (vers 1550-vers 1300 av. J.-C.), dynastie des Shang (vers 1550-vers 1050 av. J.-C.) (?)
M.C. 2004-21. Don anonyme, 2004.

84. Col d'un gobelet *gu*

Bronze
H. : 0,131 ; D. : 0,146
Chine méridionale, confins du Sichuan, du Guizhou et du Yunnan (?)
Env. XIIe siècle av. J.-C. (?)
M.C. 2004-22. Don anonyme, 2004.

85. Cheval et cavalier

Terre cuite avec traces de polychromie
Cheval H. : 0,638 ; L. : 0,507 ; P. : 0,157
Cavalier H. : 0,243 ; L. : 0,138 ; P. : 0,084
Époque des Han de l'Ouest (206 av. J.-C.-9 apr. J.-C)
M.C. 10043. Don de la Société des Amis du musée Cernuschi, de M. et Mme Yves Mahé et d'un amateur anonyme, 1999.

86. Fragment de petite jarre

Grès de type cizhou
H. : 0,012 ; L. : 0,043 ; P. : 0,034
Fours de Guantaizhou, district de Cixian, province du Hebei
XIIe siècle Époque des Song du Nord (960-1126) ou dynastie des Jin (1115-1234)
M.C. 2004-10. Don de Mme et M. Monique et John Crick, 2004.

87. Fragment de coupe

Porcelaine à couverte qingbai
H. : 0,006 ; L. : 0,036 ; P. : 0,031
Fours de Hutian, district de Jingdezhen, province de Jiangxi
XIIIe siècle Époque des Song du Sud (1127-1279)
M.C. 2004-11. Don de Mme et M. Monique et John Crick, 2004.

Arts décoratifs :

88. Déesse taoïste

Ivoire
H. : 0,588 ; L. : 0,11 ; P. : 0,115
Fin du XVIIIe siècle
M.C. 2001-4. Legs Reine Bollard, 2004. Dépôt au musée de la Compagnies des Indes, Port-Louis, en accord avec les héritiers.

89. Console

Bois *qun* (*yimu*)
Seconde moitié du XIXe siècle
M.C. 9930. Don de la Société des Amis du musée Cernuschi, 1995.

90. Boîte à encre d'après un paysage de Yao Hua (1876-1930)

Cuivre et pierre
H. : 0,122 ; L. : 0,122
Avant 1936
M.C. 2004.27 Don de la famille Barrère en mémoire de Georges Yakovlievitch.

Calligraphies et peintures

91. Chang Yu (né en 1900)

Nu couché

Encre sur papier
H. : 0,265 ; L. : 0,429
M.C. 9902. Don de M. Jean-Claude Riedel, 1993.

92. Luo Xiaohua

Double taureau

Encre sur papier
H. : 0,677 ; L. : 1,356
Fin du XXe siècle
M.C. 9901. Don de Mme Luo Xiaohua
par l'intermédiaire de Mme Villanneau, 1993.

93. Shang Tao (né en 1938),
Narcisses
Encre et couleurs sur papier
H. : 0,688 ; L. : 0,691
M.C. 2004-3. Don de Maître Coffy de Boisdeffre, 2004.

94. Tang Haiwen (1929-991)
Dyptique
Encre sur papier
H. : 0,597 ; L. : 0,994
Signé
M.C. 9903 a et b. Don de M. Jacques Barrère, 1993.

95. Tang Haiwen (1929-1991)
Dyptique
Encre sur papier
H. : 0,697 ; L. : 0,994
Signé
M.C. 9906 a et b. Don de M. Jean-Michel Beurdeley, 1993.

96. Tang Haiwen (1929-1991)
Dyptique
Encre sur papier
H. : 0,697 ; L. : 0,994
Signé
M.C. 9907 a et b. Don de M. Jean-Michel Beurdeley, 1993

97. Wang Zhiping (né en 1947)
Paysage
H. : 0,25 ; L. : 0,25
Signé et daté 1991
M.C. 9899. Don de M. Wang Zhiping par l'intermédiaire de Mme Villanneau, 1993.

98. Wu Xiansheng (né en 1954)
Nu assis
Encre et couleurs sur papier
H. : 0,369 ; L. : 0,32
M.C. 9900. Don de M. Wu Xiansheng par l'intermédiaire de Mme Villanneau, 1993.

99. Yao Hua (1876-1930)
Composition florale
Encre et couleur sur papier.
Partie peinte : H. : 0,817 ; L. : 0,318
Signé et daté1925.
M.C. 2004.14 Don de la famille Barrère en mémoire de Georges Yakovlievitch.

100. Yao Hua (1876-1930)
Sentences parallèles en calligraphie régulière kaishu
Encre sur papier.
H. : 1,305 ; L. : 0,315
Signé et daté1928.
M.C. 2004.15/M.C. 2004.16 Don de la famille Barrère en mémoire de Georges Yakovlievitch.

101. Yao Hua (1876-1930)
Sentences parallèles en calligraphie régulière kaishu
Encre sur papier.
H. : 1,305 ; L. : 0,318
Signé et daté1928.
M.C. 2004.19/M.C. 2004.20 Don de la famille Barrère en mémoire de Georges Yakovlievitch.

102. Zhou Zhilung
Pure harmonie (paysage)
Encre et couleurs sur papier
H. : 0,677 ; L. : 0,453
Signé et daté 1987
M.C. 9898. Don de M. Zhou Zhilung par l'intermédiaire de Mme Villanneau, 1993.

Arts décoratifs

103. Petite boîte (*kobako*)
Laque
H. : 0,041 ; L. : 0,071 ; P. : 0,70
XVIe-XVIIe siècle, Époque Momoyama (1573-1603)
M.C. 10020. Legs Colette Beleys, 1998.

104. Pot à thé (*cha.ire*)
Grès
H. : 0,03 ; D. : 0,035
XVIIe siècle, Époque Edo (1603-1868)
M.C. 10023. Legs Colette Beleys, 1998.

105. Pot à thé (*cha.ire*)
Grès
H. : 0,065 ; D. : 0,065
XVIIe siècle, Époque Edo (1603-1868)
M.C. 10024. Legs Colette Beleys, 1998.

106. Pot à thé (*cha.ire*)
Grès
H. : 0,075 ; D. : 0,060
XVIIe siècle, Époque Edo (1603-1868)
M.C. 10025. Legs Colette Beleys, 1998.

107. Pot à thé (*cha.ire*)
Grès
H. : 0,090 ; D. : 0,055
XVIIe siècle, Époque Edo (1603-1868)
M.C. 10026. Legs Colette Beleys, 1998.

108. Boîte à rouleaux (*ubako*) à décor d'hortensias
Laque
H. : 0,048 ; L. : 0,232 ; P. : 0,085
XVIIIe-XIXe siècle, Époque Edo (1603-1868)
M.C. 10021. Legs Colette Beleys, 1998.

109. Boîte à aliments à étages (*jūbako*)
Laque
H. : 0,26 ; L. : 0,23 ; P. : 0,23
Probablement du XIXe siècle, Époque Edo (1603-1868)
M.C. 10019. Legs Colette Beleys, 1998.

110. Petite boîte (*kobako*)
Laque
H. : 0,062 ; L. : 0,95 ; P. : 0,077
XIXe siècle, Époque Edo (1603-1868)
M.C. 10022. Legs Colette Beleys, 1998.

111. Boîte à encens en forme de perdrix (*kōgō*)
Porcelaine à glaçure aubergine
H. : 0,067 ; L. : 0,065 ; P. : 0,040
Fours de Kairaku.en
XIXe siècle, Époque Edo (1603-1868)
M.C. 10027. Legs Colette Beleys, 1998.

Calligraphies et peintures

112. Amano Kinkō, *Calligraphie*
H. : 0,361 ; L. : 0,494
Fin du XXe siècle
M.C. 10010. Don de M. Amano Kinkō par l'intermédiaire de Mme Matsumoto Yukie, 1998.

113. Asami Reika, *Calligraphie*
H. : 1,29 ; L. : 0,328
Fin du XXe siècle
M.C. 9964. Don de M. Asami Reika par l'intermédiaire de Mme Matsumoto Yukie, 1998.

114. Atsumi Sekisō, *Calligraphie*
H. : 1,365 ; L. : 0,345
Fin du XXe siècle
M.C. 9911. Don de M. Atsumi Sekisō par l'intermédiaire de Mme Matsumoto Yukie, 1998.

115. Aoyama Keikō, *Calligraphie*
H. : 1,305 ; L. : 0,336
Fin du XXe siècle
M.C. 9972. Don de M. Aoyama Keikō par l'intermédiaire de Mme Matsumoto Yukie, 1998.

116. Aoyagi Sōseki, *Calligraphie*
H. : 0,675 ; L. : 0,65
Fin du XXe siècle
M.C. 10004. Don de M. Aoyagi Sōseki par l'intermédiaire de Mme Matsumoto Yukie, 1998.

117. Deguchi Keizan, *Calligraphie*
H. : 1,37 ; L. : 0,676
Fin du XXe siècle
M.C. 9956. Don de M. Deguchi Keizan par l'intermédiaire de Mme Matsumoto Yukie, 1998.

118. Edamatsu Shofu, *Calligraphie*

H. : 2,03 ; L : 0,528
Fin du XXe siècle
M.C. 10006. Don de M. Edamatsu Shofu par l'intermédiaire de Mme Matsumoto Yukie, 1998.

119. Fujita Shunsui, *Calligraphie*

H. : 1,356 ; L : 0,34
Fin du XXe siècle
M.C. 9959. Don de M. Fujita Shunsui par l'intermédiaire de Mme Matsumoto Yukie, 1998.

120. Fukuyama Miyuki, *Calligraphie*

H. : 1,335 ; L : 0,93
Fin du XXe siècle
M.C. 9953. Don de Mme Fujita Shunsui par l'intermédiaire de Mme Matsumoto Yukie, 1998.

121. Hayashi Yōko, *Calligraphie*

H. : 1,33 ; L : 0,332
Fin du XXe siècle
M.C. 9990. Don de Mme Hayashi Yōko par l'intermédiaire de Mme Matsumoto Yukie, 1998.

122. Hagimoto Shien, *Calligraphie*

H. : 1,305 ; L : 0,332
Fin du XXe siècle
M.C. 9975. Don de M. Hagimoto Shien par l'intermédiaire de Mme Matsumoto Yukie, 1998.

123. Hirai Kuniko, *Calligraphie*

H. : 1,350 ; L : 0,343
Fin du XXe siècle
M.C. 9962. Don de Mme Hirai Kuniko par l'intermédiaire de Mme Matsumoto Yukie, 1998.

124. Hikida Keika, *Calligraphie*

H. : 1,705 ; L : 0,685
Fin du XXe siècle
M.C. 9971. Don de M. Hikida Keika par l'intermédiaire de Mme Matsumoto Yukie, 1998.

125. Higuchi Yūbyo, *Calligraphie*

H. : 0,70 ; L : 0,245
Fin du XXe siècle
M.C. 9979. Don de M. Higuchi Yūbyo par l'intermédiaire de Mme Matsumoto Yukie, 1998.

126. Hishida Ransui, *Calligraphie*

H. : 1,37 ; L : 0,345
Fin du XXe siècle
M.C. 9992. Don de M. Hishida Ransui par l'intermédiaire de Mme Matsumoto Yukie, 1998.

127. Hori Keiyo, *Calligraphie*

H. : 1,36 ; L : 0,343
Fin du XXe siècle
M.C. 9995. Don de M. Hori Keiyo par l'intermédiaire de Mme Matsumoto Yukie, 1998.

128. Honda Kyodō, *Calligraphie*

H. : 1,37 ; L : 0,35
Fin du XXe siècle
M.C. 9967. Don de M. Honda Kyodō par l'intermédiaire de Mme Matsumoto Yukie, 1998.

129. Inaba Buhō, *Calligraphie*

H. : 1,947 ; L : 0,445
Fin du XXe siècle
M.C. 10003. Don de M. Inaba Buhō par l'intermédiaire de Mme Matsumoto Yukie, 1998.

130. Ikeda Setsuko, *Calligraphie*

H. : 1,377 ; L : 0,345
Fin du XXe siècle
M.C. 9980. Don de Mme Ikeda Setsuko par l'intermédiaire de Mme Matsumoto Yukie, 1998.

131. Iwata Keihō, *Calligraphie*

H. : 1,357 ; L : 0,345
Fin du XXe siècle
M.C. 10006. Don de M. Iwata Keihō par l'intermédiaire de Mme Matsumoto Yukie, 1998.

132. Kaibuchi Tōro, *Calligraphie*

H. : 1,74 ; L : 0,52
Fin du XXe siècle
M.C. 9998. Don de M. Kaibuchi Tōro par l'intermédiaire de Mme Matsumoto Yukie, 1998.

133. Kamata Kyoko, *Calligraphie*

H. : 0,64 ; L : 0,375
Fin du XXe siècle
M.C. 10007. Don de Mme Kamata Kyoko par l'intermédiaire de Mme Matsumoto Yukie, 1998.

134. Kaneko Chosho, *Six calligraphies*

H. : 0,87 ; L : 1,446
XXe siècle
M.C. 9937. Don de Paris-Musées, 1997

135. Katō Baiko, *Calligraphie*

H. : 1,355 ; L : 1,338
Fin du XXe siècle
M.C. 10026. Don de M. Katō Baiko par l'intermédiaire de Mme Matsumoto Yukie, 1998.

136. Kiyosawa Jinkei, *Iris*
Encre et couleurs sur papier
H. : 0,637 ; L : 0,986
Fin du XXe siècle
M.C. 10009. Don de M. Kiyosawa Jinkei par l'intermédiaire de Mme Matsumoto Yukie, 1998.

137. Kimura Zenpu, *Calligraphie*
H. : 1,36 ; L : 0,367
Fin du XXe siècle
M.C. 9968. Don de M. Kimura Zenpu par l'intermédiaire de Mme Matsumoto Yukie, 1998.

138. Kojima Seiko, *Calligraphie*
H. : 1,355 ; L : 0,347
Fin du XXe siècle
M.C. 9985. Don de Mme Kojima Seiko par l'intermédiaire de Mme Matsumoto Yukie, 1998.

139. Kojima Wakō, *Calligraphie*
H. : 1,283 ; L : 0,67
Fin du XXe siècle
M.C. 9996. Don de M. Kojima Wakō par l'intermédiaire de Mme Matsumoto Yukie, 1998.

140. Kobayashi Katō, *Calligraphie*
Encre sur papier
H. : 0,582 ; L : 0,382
Fin du XXe siècle
M.C. 9950. Don de M. Kobayashi Katō par l'intermédiaire de Mme Matsumoto Yukie, 1998.

141. Kojima Seiko, *Calligraphie*
H. : 1,36 ; L : 0,345
Fin du XXe siècle
M.C. 9984. Don de Mme Kojima Seiko par l'intermédiaire de Mme Matsumoto Yukie, 1998.

142. Koyanagi Choryu, *Calligraphie*
H. : 1,363 ; L : 0,35
Fin du XXe siècle
M.C. 9983. Don de M. Koyanagi Choryu par l'intermédiaire de Mme Matsumoto Yukie, 1998.

143. Kurayama Sesshu, *Calligraphie*
H. : 1,365 ; L : 0,35
Fin du XXe siècle
M.C. 9993. Don de M. Kurayama Sesshu par l'intermédiaire de Mme Matsumoto Yukie, 1998.

144. Maekawa Ryuzan, *Calligraphie*
H. : 1,32 ; L : 0,50
Fin du XXe siècle
M.C. 9955. Don de M. Maekawa Ryuzan par l'intermédiaire de Mme Matsumoto Yukie, 1998.

145. Matsuma Takane, *Calligraphie*
H. : 1,34 ; L : 0,34
Fin du XXe siècle
M.C. 10000. Don de M. Matsuma Takane par l'intermédiaire de Mme Matsumoto Yukie, 1998.

146. Mikami Yukei, *Calligraphie*
H. : 1,355 ; L : 0,347
Fin du XXe siècle
M.C. 9981. Don de M. Mikami Yukei par l'intermédiaire de Mme Matsumoto Yukie, 1998.

147. Mizushima Sanyo, *Calligraphie*
H. : 0,675 ; L : 0,34
Fin du XXe siècle
M.C. 9974. Don de M. Mizushima Sanyo par l'intermédiaire de Mme Matsumoto Yukie, 1998.

148. Mochizuki Kanpo, *Calligraphie*
H. : 1,368 ; L : 0,678
Fin du XXe siècle
M.C. 9997. Don de M. Mochizuki Kanpo par l'intermédiaire de Mme Matsumoto Yukie, 1998.

149. Mori Seikō, *Calligraphie*
Encre sur papier
H. : 1,362 ; L : 0,69
Fin du XXe siècle
M.C. 9949. Don de M. Mori Seikō par l'intermédiaire de Mme Matsumoto Yukie, 1998.

150. Moriyama Tei, *Calligraphie*
Encre sur papier
H. : 1,357 ; L : 0,341
Fin du XXe siècle
M.C. 9952. Don de M. Moriyama Tei par l'intermédiaire de Mme Matsumoto Yukie, 1998.

151. Morotome Taikyu, *Calligraphie*
H. : 1,085 ; L : 0,785
Fin du XXe siècle
M.C. 9977. Don de M. Morotome Taikyu par l'intermédiaire de Mme Matsumoto Yukie, 1998.

152. Murayose Ōkei, *Calligraphie*
H. : 1,36 ; L : 0,345
Fin du XXe siècle
M.C. 9988. Don de M. Murayose Ōkei par l'intermédiaire de Mme Matsumoto Yukie, 1998.

153. Murosaki Chushu, *Calligraphie*
H. : 1,35 ; L : 0,338
Fin du XXe siècle
M.C. 9970. Don de M. Murosaki Chushu par l'intermédiaire de Mme Matsumoto Yukie, 1998.

154. Nakamichi Shunyo, *Calligraphie*
H. : 1,355 ; L. : 0,338
Fin du xxe siècle
M.C. 9969. Don de M. Nakamichi Shunyo par l'intermédiaire de Mme Matsumoto Yukie, 1998.

155. Nakanishi Keishu, *Calligraphie*
H. : 0,675 ; L. : 0,685
Fin du xxe siècle
M.C. 10005. Don de M. Nakanishi Keishu par l'intermédiaire de Mme Matsumoto Yukie, 1998.

156. Oikawa Shuhō, *Calligraphie*
H. : 0,195 ; L. : 0,39
Fin du xxe siècle
M.C. 9963. Don de M. Oikawa Shuhō par l'intermédiaire de Mme Matsumoto Yukie, 1998.

157. Sakamoto Chokin, *Calligraphie*
H. : 0,42 ; L. : 0,505
Fin du xxe siècle
M.C. 9973. Don de M. Sakamoto chokin par l'intermédiaire de Mme Matsumoto Yukie, 1998.

158. Satō Seien, *Calligraphie*
H. : 1,352 ; L. : 0,50
Fin du xxe siècle
M.C. 9954. Don de M. Satō Seien par l'intermédiaire de Mme Matsumoto Yukie, 1998.

159. Sasaki Tōten, *Calligraphie*
H. : 1,355 ; L. : 0,518
Fin du xxe siècle
M.C. 10012. Don de M. Sasaki Tōten par l'intermédiaire de Mme Matsumoto Yukie, 1998.

160. Sasaki Ichiun, *Calligraphie*
H. : 1,345 ; L. : 0,345
Fin du xxe siècle
M.C. 9976. Don de M. Sasaki Ichiun par l'intermédiaire de Mme Matsumoto Yukie, 1998.

161. Shibata Reiho, *Calligraphie*
H. : 1,365 ; L. : 0,685
Fin du xxe siècle
M.C. 10001. Don de M. Shibata Reiho par l'intermédiaire de Mme Matsumoto Yukie, 1998.

162. Shibayama Hakuun, *Calligraphie*
H. : 0,68 ; L. : 0,685
Fin du xxe siècle
M.C. 10008. Don de M. Shibayama Hakuun par l'intermédiaire de Mme Matsumoto Yukie, 1998.

163. Shinozaki Tekiho, *Calligraphie*
H. : 1,305 ; L. : 0,345
Fin du xxe siècle
M.C. 9982. Don de M. Shinozaki Tekiho par l'intermédiaire de Mme Matsumoto Yukie, 1998.

164. Shirai Satoko, *Calligraphie*
H. : 1,335 ; L. : 0,33
Fin du xxe siècle
M.C. 9965. Don de Mme Shirai Satoko par l'intermédiaire de Mme Matsumoto Yukie, 1998.

165. Shinba Suikei, *Calligraphie*
H. : 1,33 ; L. : 0,323
Fin du xxe siècle
M.C. 10011. Don de Mme Shinba Suikei par l'intermédiaire de Mme Matsumoto Yukie, 1998.

166. Tabata Shoten, *Calligraphie*
H. : 1,33 ; L. : 0,34
Fin du xxe siècle
M.C. 9987. Don de M. Tabata Shoten par l'intermédiaire de Mme Matsumoto Yukie, 1998.

167. Tanaka Hakugyo, *Calligraphie*
H. : 0,42 ; L. : 0,345
Fin du xxe siècle
M.C. 9986. Don de M. Tanaka Hakugyo par l'intermédiaire de Mme Matsumoto Yukie, 1998.

168. Takahashi Suihō, *Calligraphie*
H. : 1,13 ; L. : 0,345
Fin du xxe siècle
M.C. 9994. Don de M. Takahashi Suihō par l'intermédiaire de Mme Matsumoto Yukie, 1998.

169. Tokugawa Haruko, *Calligraphie*
H. : 0,35 ; L. : 0,215
Fin du xxe siècle
M.C. 9978. Don de Mme Tokugawa Haruko par l'intermédiaire de Mme Matsumoto Yukie, 1998.

170. Toyoda Taisen, *Calligraphie*
H. : 1,35 ; L. : 0,335
Fin du xxe siècle
M.C. 9960. Don de M. Toyoda Taisen par l'intermédiaire de Mme Matsumoto Yukie, 1998.

171. Tanaka Gyokuran, *Calligraphie*
H. : 1,325 ; L. : 0,345
Fin du xxe siècle
M.C. 9951. Don de Mme Tanaka Gyokuran par l'intermédiaire de Mme Matsumoto Yukie, 1998.

172. Tanaka Rosetsu, *Calligraphie*

H. : 0,445 ; L : 0,565
Fin du xxe siècle
M.C. 9957. Don de M. Tanaka Rosetsu par l'intermédiaire de Mme Matsumoto Yukie, 1998.

173. Watanabe Fumika, *Calligraphie*

H. : 1,34 ; L : 0,345
Fin du xxe siècle
M.C. 9989. Don de M. Watanabe Fumika par l'intermédiaire de Mme Matsumoto Yukie, 1998.

174. Watanabe Suirei, *Calligraphie*

H. : 1,345 ; L : 0,325
Fin du xxe siècle
M.C. 9961. Don de Mme Watanabe Suirei par l'intermédiaire de Mme Matsumoto Yukie, 1998.

175. Yamane Gyokuhō, *Calligraphie*

H. : 1,37 ; L : 0,335
Fin du xxe siècle
M.C. 9966. Don de M. Yamane Gyokuhô par l'intermédiaire de Mme Matsumoto Yukie, 1998.

176. Yoshioka Seikō, *Calligraphie*

H. : 1,363 ; L : 0,663
Fin du xxe siècle
M.C. 9958. Don de M. Yoshioka Saikō par l'intermédiaire de Mme Matsumoto Yukie, 1998.

Photographies

177. Album de soixante-quatre photographies (envoi du Japon à l'Exposition Universelle de Vienne de 1873)

Tirages albuminés contrecollés sur carton
Chaque tirage : H. : 0,113 ; L : 0,173
1873
M.C. 10030. Legs Colette Beleys, 1998.

178. Raimund von Stillfried (1839-1911) *Mendiant*

Photographie colorisée
H. : 0,24 ; L : 0,193
Cadre en bois : H. : 0,505 ; L : 0,37
Yokohama, fin du xixe siècle
M.C. 10033. Legs Colette Beleys, 1998.

179. Raimund von Stillfried (1839-1911) *Mendiante*

Photographie colorisée
H. : 0,24 ; L : 0,193
Cadre en bois : H. : 0,505 ; L : 0,37
Yokohama, fin du xixe siècle
M.C. 10032. Legs Colette Beleys, 1998.

Ouvrages imprimés

180. *The Japan Punch*

H. : 0,345 ; L : 0,247
Yokohama, 1872-1875
M.C. 10031. Legs Colette Beleys, 1998.

181. Mc Leod, *Illustrations to the Epithome of the Ancient History of Japan*

(textes et gravures)
H. : 0,175 ; L : 0,277
Kyôto, 1878
M.C. 10028. Legs Colette Beleys, 1998.

Viêt Nam

182. Nguyen Phan-Chanh, *Femme se coiffant*

Encre et couleurs sur soie
H. : 0,887 ; L : 0,518
1933
M.C. 9904. Don de M. Jacques Dauriac en mémoire de ses parents André et Madeleine Dauriac-Walter, 1993.

Œuvres et documents historiques

183. Cadre

Chêne doré
H. : 1,06 ; L. : 0,925 ; P. : 0,062
Italie, XVIIe siècle
M.C. 2000-5. Don de la Société des Amis du musée Cernuschi pour encadrement du portrait d'Henri Cernuschi par Léon Bonnat (1833-1922), 2000.

184. L. Eisel E.

Médaille commémorative de la libération de Milan de l'occupation autrichienne, 20 mai 1848

Bronze
H. : 0,005 ; D. : 0,078
M.C. 9928 a et b. Don de Mme Sandrea, 1996.

185. Henri Cernuschi (1821-1896)

Résumé d'un discours prononcé par Monsieur Luzzati devant une assemblée d'économistes.

Manuscrit, encre sur papier (9 pages)
H. : 0,23 ; L. : 0,182
M.C. 2003-5 a à j. Don de Mme Lotus Mahe et de la Société des Amis du musée Cernuschi, 2003.

186. Henri Cernuschi (1821-1896)

Petits arguments

Manuscrit, encre sur papier (17 pages)
H. : 0,227 ; L. : 0,182
M.C. 2004-8 a à m. Don de la Société des Amis du musée Cernuschi, 2004

Art contemporain

187. Fabienne Verdier

Méditations en cobalt, 1997 (Hommage aux variations sans thème de Yehudi Menuhin)

Technique mixte sur soie marouflée sur châssis (4 panneaux)
H. : 1,80 ; L. : 2,60
1997
M.C. 2004-1 a à d. Don de Mme Fabienne Verdier, 2004.

Cat. 62, détail.

Cat.47, détail.

Ouvrages cités

***Ancient Chinese Sculptural*, 1998.**
Ancient Chinese Sculptural Treasures : Carvings in Stone, Kaohsiung, Kaohsiung Museum of Fine Arts, 1998.

***Anhui sheng Bowuguan*, 1987**
Anhui sheng Bowuguan cang qintongqi (Les bronzes conservés au musée provincial de l'Anhui), Hefei, Anhui Museum, 1987.

Anxiang Xian..., 1993
Anxiang xian wenwu guanlisuo, « Hunan Anxiang Xi Jin Liu Hong mu » (La tombe de Liu Hong [de la dynastie] des Jin de l'Ouest [dans le district d'] Anxiang au Hunan), *Wenwu*, 1993, n° 11, p. 1-12.

Ardenne de Tizac, 1926
ARDENNE DE TIZAC, Henri d', *L'Art chinois classique*, Paris, Henri Lamers, 1926.

Ayers – Fromentin – Paul-David – Tamburello, 1984
AYERS, John – FROMENTIN, Hélène – PAUL-DAVID, Madeleine – TAMBURELLO, Adolfo, *La Céramique d'Extrême-Orient*, Paris, Nathan, 1984.

Bagley, 1977
BAGLEY, Robert W., « P'an-lung-ch'eng : A Shang City in Hubei », *Artibus Asiae*, 1977, vol. 39, n° 3-4, p. 165-219.

Bagley, 1987
BAGLEY, Robert W., *Shang Ritual Bronzes in the Arthur M. Sackler Collection*, Washington D.C., The Arthur M. Sackler Foundation / Cambridge Mass., the Arthur M. Sackler Museum, Harvard University, 1987.

Barnard, 1988
BARNARD, Noël, « Bronze Vessels with Copper inlaid Decor and Pseudo Copper Inlay of Ch'un-ch'iu and Chan-kuo Times », Part. 2, in *Ancient Chinese and Southeast Asian Bronze Culture*, Canberra, [s.n.], 1988, p. 8-12.

Béguin, 1995 a
BÉGUIN, Gilles, « Activités du musée Cernuschi », *Arts asiatiques*, 1995, t. 50, p. 124-127.

Béguin, 1995 b
BÉGUIN, Gilles, *Les peintures du bouddhisme tibétain (musée national des Arts asiatiques-Guimet)*, Paris, R.M.N., 1995.

Béguin, 1996
BÉGUIN, Gilles, « Activités du musée Cernuschi », *Arts asiatiques*, 1996, t. 51, p. 132-137.

Béguin, 1997
BÉGUIN, Gilles, « Activités du musée Cernuschi », *Arts asiatiques*, 1997, t. 52, p. 131-136.

Béguin, 1998 a
BÉGUIN, Gilles, « Activités du musée Cernuschi », *Arts asiatiques*, 1998, t. 53, p. 85-94.

Béguin, 1998 b
BÉGUIN, Gilles, « À propos du *Gang* du musée Cernuschi ». *Collections Parisiennes*, 1998, n° 4, p. 17-21.

Béguin, 1999 a
BÉGUIN, Gilles « Activités du musée Cernuschi », *Arts asiatiques*, 1999, t. 54, p. 127-134.

Béguin, 1999 b
BÉGUIN, Gilles, « Le *Musicien Céleste* du musée Cernuschi », *La Revue du Louvre et des musées de France*, 1999, n° 5, p. 31-34.

Béguin, 2000 a
BÉGUIN, Gilles, « Activités du musée Cernuschi », *Arts asiatiques*, 2000, t. 55, p. 155-160.

Béguin, 2000 b
BÉGUIN, Gilles (dir.), *Arts de l'Asie au musée Cernuschi*, Paris, Paris-Musées/ Findakly, 2000.

Béguin, 2001
BÉGUIN, Gilles, « Activités du musée Cernuschi », *Arts asiatiques*, 2001, t. 56, p. 129-135.

Béguin, 2002
BÉGUIN, Gilles, « Activités du musée Cernuschi », *Arts asiatiques*, 2002, t. 57, p. 172-178.

Béguin, 2003
BÉGUIN, Gilles, « Activités du musée Cernuschi », *Arts asiatiques*, 2003, t. 58, p. 121-125.

Béguin, 2004
BÉGUIN, Gilles, « Activités du musée Cernuschi », *Arts asiatiques*, 2004, t. 59, p. 149-151, p. 153.

Béguin – Laureillard, 2000
BÉGUIN, Gilles – LAUREILLARD, Marie (dir), *Chine : La gloire des empereurs* Paris, Paris-Musées / Suilly-la-Tour, Findakly, 2000.

Beurdeley, 1974
BEURDELEY, Cécile et Michel, *La Céramique chinoise*, Fribourg, Office du Livre / Paris, Vilo, 1974.

Beurdeley, 1979
BEURDELEY, Cécile et Michel. *Le Mobilier chinois*, Fribourg, Office du Livre / Paris, Vilo, 1979.

Beurdeley, 1997
Arts d'Asie : Collection Beurdeley et Cie, (vente Paris, Drouot, 11-12. déc. 1997).

Blanchon, 1993
BLANCHON, Flora, *Art et histoire de la Chine*, vol. 1, Paris, Presses de l'université Paris-Sorbonne, 1993, (Asie).

Bobot, 1992
BOBOT, Marie-Thérèse, *Chine connue et inconnue : Dix années d'acquisition au musée Cernuschi, 1982-1992*, Paris, Paris-Musées, 1992.

Bobot, 1994
BOBOT, Marie-Thérèse, « Activités du Musée Cernuschi », *Arts asiatiques*, 1994, t. 49, p. 63, p. 110-117.

Bonhams..., 2004
Bonhams et Butterfields, *Asian Decorative Art*, (vente, San Francisco, 5 oct. 2004).

Brandt, 1986
BRANDT, Klaus J., *Laques chinois du Linden Museum de Stuttgart*, Paris, R.M.N., 1986.

Brinker – Lutz, 1989
BRINKER, Helmut – LUTZ, Albert, *Chinese Cloisonne: The Pierre Uldry Collection*, New York, the Asia Society Galleries, 1989.

Bunker, 1997
BUNKER, Emma C., *Ancient Bronzes of the Eastern Eurasian Steppes from the Arthur M. Sackler Collections*, New-York, The Arthur M. Sackler Foundation, 1997.

Bunker – White – So, 1999
BUNKER, Emma C. – WHITE, Julia M. – SO, Jenny F., *Jin cui liu fang. Mengdiexuan cang Zhongguo gudai shiwu Adornment for the Body and Soul: Ancient Chinese Ornaments from the Mengdiexuan Collection*, Hong Kong, University Museum and Art Gallery, The University of Hong Kong, 1999.

Cabanne, 1993
CABANNE, Pierre, *Chu Teh-chun*, [s. l.] Cercle d'art, 1993.

Cat. 1935
Catalogue of the International Exhibition of Chinese Art 1935-1936, Londres, Royal Academy of Arts, 1935.

Chase, 1991
CHASE, Thomas W., *Ancient Chinese Bronze Art: Casting the precious sacral Vessel*, New-York, China Institute of America, 1991.

Changsha, 1973
Changsha Mawangdui yi hao Han mu (La tombe n° 1 de Mawangdui [dans la commune de] Changsha), Beijing, Wenwu chubanshe, 1973.

Chen, 2002
CHEN, Lihua, « Gugong bowuyuan xin rucang Hubei chutu Zhanguo Xi Han qiqi » (Warning States and Western Han Lacquer Wares unearthed in Hubei and recently acquired by the Palace Museum), *Gugong Bowuyuan Yuankan*, 2002, n° 6, p. 38-45.

Chen – Ruan, 1983
CHEN, Yuojin – RUAN, Wenqing, « Zhenmushou luekuo » (À propos des animaux fantastiques gardiens de tombe), *Jiangnan Kaogu*, 1983, p. 63-67.

Chifeng shi, 1993
Chifeng shi bowuguan kaogudui, Aluke'erqin qi wenwu guanlisuo, « Chifeng shi Aluike'erqin qi Wenduo'er'aorui shan Liao mu qingli jianbao » (Rapport préliminaire sur la fouille d'une tombe [de la dynastie] des Liao sur le mont Wenduo'er'aorui dans la commune de Shifeng), *Wenwu*, 1993, n° 3, p. 57-67.

Chine des origines, 1994
La Chine des Origines, Paris, R.M.N., 1994.

Christie's, 4 déc. 1998
Treasures of the Tang, (vente Christie's, Beverly Hills, 4 déc. 1998).

Chu, 2002
CHU, Christina, Zhu Jinluan, *Wu Guanzhong yishu licheng Wu Guanzhong a Retrospective*, Hong Kong, Hong Kong Museum of Art, 2002.

Collection of Antiquities, 1991
The Collection of Antiquities from Silk Road and South China Sea, Guangzhou, [s.n.], 1991.

Croës, 1994
CROËS, Gisèle (éd.), *Cat.* XVIIe *Biennale des Antiquaires*, [Paris], [s.n.], [1994].

Croës, 2004
CROËS, Gisèle, *Ritual Objects and Early Buddhist Art*, Bruxelles, [s.n.], 2004.

Dang Gudong, 1978
Dang, Gudong, « Wuweixian Mozuizi gu mu qingli jiyao » (Compte rendu de la fouille de la tombe de Mozuizi, district de Wuwei) », *Wenwu*, 1978, n° 11, p. 68-70.

Daoulas, 1992
Chine antique, voyage de l'âme : Trésors archéologiques de la province du Hunan, XIIIe *siècle av. J.-C.–*IIe *siècle apr.* J.-C., Daoulas, Centre Culturel, 1992.

Debaine-Francfort, 1995
DEBAINE-FRANCFORT, Corinne, *Du Néolithique à l'Age du Bronze en Chine du Nord-Ouest : La Culture de Qija et ses connexions*, Paris, Éditions Recherche sur les Civilisations, 1995.

Delacour, 1996
DELACOUR, Catherine, « Les danseuses à la robe d'arc-en-ciel et au vêtement de plumes : à propos de deux *mingqi* Tang (618-907) de la donation J. Polain au musée Guimet », *La Revue du Louvre*, 1996, n° 4, p. 72-82.

Delacour, 2001
DELACOUR, Catherine, *De bronze, d'or et d'argent. Arts somptuaires de la Chine*, Paris, R.M.N., 2001, (Trésors du musée Guimet).

Deydier, 1991
DEYDIER, Christian, *The Art of the Warring States and Han Periods*, Londres, Oriental Bronzes, 1991.

Deydier, 1995
DEYDIER, Christian, *Les Bronzes archaïques Archaic Chinese Bronzes, I, Xia Shang*, Paris, Arhis, 1995.

Deydier, 1996
DEYDIER, Christian, XVIIIe *Biennale internationale des Antiquaires*, Paris, Oriental Art, 1996.

Deydier, 1997
DEYDIER, Christian, *Arts de la Chine et de l'Himalaya (*XIVe *siècle av.* J.-C.*–*XVe *siècle apr.* J.-C.*)*, Paris/Londres, Oriental Bronzes, 1997.

Deydier 1998
DEYDIER, Christian, *L'Art et la Matière*, Paris/Londres, Oriental Bronzes, 1998.

Deydier, 2002
DEYDIER, Christian, XXIe *Biennale des Antiquaires, 2002*, Paris/Londres, Oriental Bronzes, 2002.

Elisseeff, 1979
ELISSEEFF, Danièle et Vadime, *La Civilisation de la Chine classique*, Paris, Arthaud, 1979.

Erikson, 1994
ERIKSON, Susan N., « Money Trees of Eastern Han Dynasty », *The Museum of Far Eastern Antiquities Bulletin*, 1994, n° 66, p. 5-115.

Farrer, 1992
FARRER, Anne, *Wu Guanzhong: A Twentieth Century Chinese Painter*, Londres, British Museum Press, 1992.

Fong, 1979
FONG, Mary H., « New Discoveries in Ch'in and Han Representational Art », *Archives of Asian Art*, 1979, vol. 32, p. 27-38.

Fong, 1980
FONG, Wen (éd.), *The Great Bronze Age of China*. Londres, Thames and Hudson / New York, The Metropolitan Museum of Art, 1980.

Fong, 2001
FONG, Wen C., *Between two cultures, Late Nineteenth and Twentieth Century Chinese Paintings from the Robert. H. Ellsworth Collection in the Metropolitan Museum of Art*, New York, The Metropolitan Museum of Art, 2001.

Fontein – Wu, 1973
FONTEIN, Jean – WU, Tung, *Unearthing China's Past*, Boston, The Museum of Fine Arts, 1973.

Fontein – Wu, 1980
FONTEIN, Jean – WU, Tung,. *Museum of Fine Arts, Boston*, Boston/Tokyo, Kodansha, 1980, (Oriental Ceramics: The World's Great Collections ; 10).

Gems, 1993
Zhongguo wenwu jinghua bianji weiyuanhui, *Zhongguo Wenwu jinghua Gems of China's cultural Relics*, Beijing, Wenwu chubanshe, 1993.

Giès, 1994
GIÈS, Jacques, *Les Arts de l'Asie Centrale : la collection Paul Pelliot du musée national des Arts asiatiques-Guimet*, 2 vol. Tokyo, Kodansha / Paris, R.M.N., 1994.

Gilt – Bronze Buddhist, 1996
A special Exhibition of Recently Acquired Gilt-Bronze Buddhist Images, Taipei, National Palace Museum, 1996.

Girard-Geslan, 1999
GIRARD-GESLAN, Maud, *Of Earth and Fire: The T.T. Tsui Collection of Chinese Art in the National Gallery of Australia*, Canberra, National Gallery of Australia, 1999.

Gournay, 2002
GOURNAY, Antoine, « Lin Fengmian », *Le Paris de l'Orient : Présence française à Shanghai, 1849-1946*, Catalogue de l'exposition organisée par le musée Albert-Khan, 2002.

Gyllensvärd, 1977
GYLLENSVÄRD, Bo, « Axel and Nora Lundgres Bequest of Chinese Bronze », *The Museum of Far Eastern Antiquities Bulletin*, 1977, n° 49, p. 1-16.

Gzarat, 2003
Guangxi Zhuangzu zizhiqu wenwu gongzuodui, Hepu xian bowuguan, « Guangxi Hepu xian Jizhiling Dong Han mu » (Des tombes Han de l'Est à Jiuzhiling dans le district de Hepu, Guangxi), *Kaogu*, 2003, n° 10, p. 57-77.

Hai-Yi, 1990
HAI, Wai – YI, Chen, *Chinese Art in Overseas Collections, Buddhist Sculpture*, II, Taipei, The National Palace Museum, 1990.

Hebei sheng, 1998
Hebei sheng wenwu yanjiusuo, Baoding shi wenwu guanlichu, *Wu dai Wang Chuzhi mu* (La tombe de Wang Chuzhi de l'époque des Cinq Dynasties), Beijing, Wenwu chubanshe, 1998.

Heinrich, 1963
HEINRICH, Théodore A., *Art Treasures in the Royal Ontarion Museum*, Toronto, Mc Clelland and Stewart, 1963.

Henan chutu, 1981
Henan chutu Shang Zhou qingtongqi (Les bronzes [des dynasties] Shang et Zhou exhumés au Henan), Beijing, Wenwu chubanshe, 1981.

Henan Han dai, 1985
Henan Han dai huaxiang zhuan (Briques décorées de l'époque des Han provenant du Henan), Shanghai, [s.n.], 1985.

Henan sheng, 1963
Henan sheng wenhuaqu wenwu Gongzuodui, *Gongxian Shiku si* (Les sanctuaires rupestres de Gongxian), Beijing, [s. n.], 1963.

Hentze, s.d.
HENTZE, C., *Les figurines de la céramique funéraire : Matériaux pour l'étude des croyances et du folklore de la Chine ancienne*, 2 vol., Hellerau bei Dresden, Avalun Verlag, [s.d.].

Homage, 1992
Homage to Heaven, Homage to Earth : Chinese Treasures of the Royal Ontario Museum, Toronto/Buffalo/Londres, University of Toronto Press, 1992.

Huang, 1989
HUANG, Miaozi, « From Carpenter to Painter : Recalling Qi Baishi », *Orientations*, 1989, vol. 20, n° 4.

Huang, 2003
HUANG, Jianhua, *Jinsha yizhi gu Shu wenhua kaogu xin faxian* (Nouvelles découvertes sur la culture ancienne du Sichuan à Jinsha), Chengdu, Sichuan Renmin chubanshe, 2003.

Hubei sheng…, 1995
Hubei sheng Jingzhou diqu bowuguan, *Jiangling Mashan yi hao Chu mu* (La tombe n° 1 [du royaume de] Chu à Mashan [dans le district de] Jiangling), Beijing, [s.n.] 1985.

Hubei sheng…, 1989
Hubei sheng bowuguan, *Zeng hou Yi mu (La tombe du marquis Yi de Zeng)*, 2 vol., Beijing, Wenwu Chubanshe, 1989.

Hubei, 1999
Hubei Jing-Jiu tielu kaogu dui Huangang shi bowuguan, « Hubei Fengshuilin Dong Han mu » (Tombes [de la dynastie des] Han de l'Est à Fengshuilin, [district de] Qichun, Hubei), *Kaogu Xuebao*, 1999, n° 2, p. 179-210.

Institute, 1996
Institute of Archaeology of Shanxi Province, *Art of the Houma Foundry*, Princeton (NY)/Chichester (West Sussex), Princeton University Press, 1996.

Jade as Sculpture, 1975
Jade as Sculpture, St Paul, Minnesota Museum of Art / Indianapolis, Indianapolis Museum of Art, 1975.

James, 1993
JAMES, Jean M., « Pictural Bricks of the Han Dynasty in the Art Institute of Chicago », *Orientations*, 1993, vol. 24, n° 6, p. 69-71.

Ji, 1994
JI, Sun, « Xian Qin, Han, Jin yaodai yong jin yin daikou » (The Gold and Silver Belt Buckles in the Pre-Qin Period, the Han Dynasty and the Jin Dynasty), *Wenwu*, 1994, n° 1, p. 50-64.

Jilin Sheng, 1988
Jilin Sheng bowuguan Nong'an xian wenguansuo, « Jilin Nong'an Jin dai jiaocang wenwu » (Objets [issus] d'une cache de l'époque des Jin à Nong'an au Jilin), *Wenwu*, 1988, n° 7, p. 74-81.

Juliano – Lerner, 2004
JULIANO, Annette – LERNER, Judith A., « Stone Mortuary Furnishings of Northern China in 6th Century », *in* Croës, 2004, p. 14-23.

Kamei, 1998-1999
KAMEI, Meitoku, « The Study on the Celadons Decorated with Applied Ornaments in Southern – Northern Dynasties », *Tōyō Tōji*, 1998-1999, vol. 28, p. 79-116.

Kanzō, s.d.
Kanzō meihin sen, 3 vol., Tōkyō, Idemitsu Museum, [s.d.].

Korea, 1993
National Museum of Korea, Seoul, National Museum of Korea, 1993.

Krahl, 1994
KRAHL, Regina, *Chinese Ceramics from the Meiyintang Collection*, 2 vol. Londres, Azimuth, 1994.

Krahl, 1999
KRAHL, Regina, *L'âge d'or de la céramique chinoise (VIe–XIVe siècle) : La Collection Meiyintang*, Paris, Paris-Musées / Findakly, 1999.

Lally, 1988
LALLY, James J., *Chinese Works of Art*, New-York, [s.n.], 1988.

Lally, 1996
Early Dynastic China : Works of Art from Shang to Song, New-York, J. J. Lally and Co Oriental Art, 1996.

Lang, 2002
LANG, Shaojun, *Lin Fengmian*, [s. l.], Hebei jiaoyu chubanshe, 2002, (Zhongguo minghua quanji).

Laquerware..., 1994
Laquerware from Warring States to the Han Periods Excavated in Hubei Province, Hong Kong, Art Gallery, the Chinese University of Hong Kong, 1994.

Lawton, 1982
LAWTON, Thomas, *Chinese Art of the Warring States Period*, Washington D.C., Freer Gallery of Art, Smithsonian Institution, 1982.

Lee, 1998
LEE, Sherman (éd.), *China 5000 years: Innovation and Transformation in the Arts*, New-York, Guggenheim Museum Publication, 1998.

Lefèvre d'Argencé, 1967
LEFÈVRE D'ARGENCÉ, René-Yvon, *Chinese Ceramics in the Avery Brundage Collection*, San Francisco, The Young Museum Society, 1967.

Lefèvre d'Argencé, 1977
LEFÈVRE D'ARGENCÉ, René-Yvon, *Bronze vessel of Ancient China in the Avery Brundage Collection*, San Francisco, Asian Art Museum of San Francisco, 1977.

Lefèvre d'Argencé – Turner, 1973
LEFÈVRE D'ARGENCÉ, René-Yvon – TURNER, Diana (éd.), *Chinese, Korean and Japanese Sculpture in the Avery Brundage Collection*, San Francisco, Asian Art Museum of San Francisco/Kodansha International, 1973.

_Li, 1996_
LI, He, *Chinese Ceramics: A New Comprehensive Survey from the Asian Art Museum of San Francisco*, New York, Rizzoli, 1996.

_Li, 1934_
LI, Ji (éd.). *Ch'êng-tzu-yai : A Report of excavations of the Proto-historic site at Ch'êng-tzu-yai, Li-ch'êng tsien, Shantung*, Nanjing, Guoli Zhongyang Yanjiuyuan Lishi Yuyan Yanjiusuo, 1934, (Zhongguo Kaogu Baogaoji ; 1-1).

_Li, 1994_
LI, Xixing (éd.), *The Shaanxi Bronzes*, Xi'an, Shaanxi People's Fine Arts Publishing House, 1994.

_Li, 1973_
LI, Yaobo, « Liaoning Beipiao xian Xiguanyingzi Beiyan Feng Sufo mu » (La Tombe de Feng Sufo [de la dynastie des) Yan du Nord à Xiguanyingzi dans le district de Beipiao au Liaoning), *Wenwu*, 1973, n° 3, 2-19.

Li – Allan, 1995
LI, Xueqin – ALLAN, Sarah, *Ouzhou suo cang Zhongguo qingtongqi yi zhu Chinese Bronzes : A Selection from European Collections*, Beijing, Wenwu chubanshe, 1995.

Liaoning sheng, 1975
Liaoning sheng bowuguan, Liaoning Tieling diqu wenwu zu fajue xiaozu, « Faku Yemaotai Liao mu jilue » (Résumé [de la fouille] de la tombe Liao [découverte] à Yemaotai [dans le district de] Faku), *Wenwu*, 1975, n° 12, p. 26-36.

Lim – Béguin, 2001
LIM, Du-minh – BÉGUIN, Gilles, « Identification des bois chinois du musée Cernuschi », *Arts asiatiques*, 2001, t. 56, p. 149-151.

Lin Fengmian zhuankan, 1990
« Lin Fengmian », *Meishu*, 1990, n° 2 (numéro spécial consacré à Lin Fengmian).

Lin Fon Ming, 1979
Lin Fon-Ming (Lin Fong-Mien), Peintre contemporain chinois, Paris, Les Presses Artistiques, 1979.

Liu Qijun, 1988
LIU, Qijun, « Zhongguo Han dai Wuwei chutu de mu yong (Les statuettes funéraires en bois de la dynastie Han exhumées à Wuwei) » in : *Zhonggyo gu mu diao yishu (Sculptures en bois anciennes de la Chine)*, Taipei, Yishujia chubanshe. 1988, p. 16-17.

Liu,1999
LIU, Shimin, *Yihai zhou : Lin Fengmian zhuan*, [s. l.], Jilin Meishu Chubanshe, 1999.

Loehr, 1968
LOEHR, Max, *Ritual Vessels of Bronze Age China*, New-York, Asia House Publication, 1968.

Long Xuli, [s.d.]
LONG, Xuli, « Jian tan Wuwei Han dai mu diao de yishu fengge (À propos du style des sculptures en bois de la dynastie des Han [découvertes à] Wuwei) », *Zhongguo Yishu*, [s.d.], vol. 5, p. 24-31.

L'Or des Qidan, 2004
L'Or des Qidan et l'influence artistique de l'Empire du Tibet. (catalogue publié par la galerie Oriental Bronzes [Paris] à l'occasion de la XXIIe Biennale des Antiquaires, Paris, 2004.)

Luoyang Shi, 1992
Luoyang shi wenwu gongzuodui, « Luoyang qiche gongchang Dong Han bihua mu » (La tombe aux peintures murales de l'époque des Han de l'Est [découverte] à l'usine de locomotives de Luoyang), *Wenwu*, 1992, n° 3, p. 27-34, p. 26.

Luoyang shi..., 2002
Luoyang shi wenwu gongzuodui, « Luoyang bei jiao C8M574 Xi Han mu fajue jianbao » (A Brief Report of the Excavation of the Tomb C8M 574 of the Western Han Dynasty), *Kaogu yu Wenwu*, 2002, n° 5, p. 7-11.

Mackenzie, 1993
MACKENZIE, Colin, « Meaning and Style in the Art of Chu », *in* Whitfield, 1993, p. 119-149.

Meisterwerke aus China, 1997
Meisterwerke aus China, Korea und Japan im Museum für Ostasiatische Kunst, Köln, Osaka / Kobe, General Consulat der Bundesrepublik Deutchland, 1997.

Masterpieces of Japanese..., 1987
Masterpieces of Japanese and Chinese Art from the Bristish Museum, (Exposition : Tokyo, Tokyo National Museum – Nara, Nara National Museum – Nagoya, Nagoya City Museum – Fukuoka, Fukuoka City Museum, 1987).

Medley, 1981
MEDLEY, Margaret, *T'ang Pottery and Porcelain*, Londres, Faber and Faber, 1981.

Michaelson, 1999
MICHAELSON, Carol, « The Thousand *Li* Horses », *Orientations*, 1999, vol. 30, n° 9, p. 40-48.

Mizuno, 1959
MIZUNO, Seiichi, *In Shū seidōki to gyoku Bronzes and Jades of the Ancient China*, vol. 3, Tokyo, Nikon Keizai Shinbunsha, 1959 (rééd. Minao Hayashi, 1989).

Mizuno – Toshio, 1952
MIZUNO, Seiichi – TOSHIO, Nagahiro, *Yun-kang. The Buddhist cave-temples of the Fifth Century A. D. in North China : Detailed Report of the Archaeological Survey Carried out by the Mission of the Tōhōbunka Kenkyūsho, 1938-1945*, Kyōto, Jimbunkagaku Kenkyūsho Kyōto University, 1952, 17 vol.

Mino, 1974
MINO, Yutaka, *Pre-Song Dynasty Chinese Stonewares in the Royal Ontario Museum*, Toronto, The Royal Ontario Museum, 1974.

Munroe, 1998
MUNROE, Alexandra, « David Kidd : Collector, Writer, Master Orientalist », *Orientations*, 1998, vol. 29, n° 3, p. 97-110.

National Museum, 1996
The National Museum of History's Changsha Porcelain Collection, Taipei, National Museum of History, 1996.

Nei Menggu, 1993
Nei Menggu zizhiqu wenwu kaogu yanjiusuo, *Liao Chen guo gongzhu mu Tomb of the Princess of State Chen*, Beijing, Wenwu chubanshe, 1993.

Oriental Lacquer, 1977
Oriental Lacquer of Arts: Commemorative Catalogue of the special Exhibition, Tōkyō, Tōkyō National Museum, 1977.

Pirazzoli-t'Serstevens, 1982
PIRAZZOLI-T'SERSTEVENS, Michèle, *La Chine des Han : Histoire et civilisation*, Paris, PUF, 1982.

Pirazzoli-t'Serstevens, 2002
PIRAZZOLI-T'SERSTEVENS, Michèle (éd.), *L'arte per la vita nell'Aldilà Capolavarti di arte antica cinese della Collezione Meidaozhai*, vol. 1, *Il Neolitics e l'Età del bronzo* Turin, Fondazione Giovanni Agnelli, 2002.

Pope – Gettens – Cahill – Barnard, 1967
POPE, John Alexander – GETTENS, Rutherford – CAHILL, James – BARNARD, Noël, *The Freer Chinese Bronzes*, vol. I, *Catalogue*, Washington D.C., Smithsonian Institution, 1967, (Oriental Studies, 7).

Qian, 1988
QIAN, Qi, « Shi cong kaogu ziliao tan kui xian Qin zhi qi gongyi » (Tentative d'aperçu et de discussion sur l'art du laque pré-impérial à partir des données archéologiques), *Gugong Xueshu Jikan*, 1988, vol. 5, n° 3, p. 1-16.

The Quest, 1987
The Quest for Eternity: Chinese Ceramic Sculptures from the People's Republic of China, Los Angeles, Los Angeles County Museum of Art, 1987.

Rawson, 1992
RAWSON, Jessica, *The Bristish Museum Book of Chinese Art*, Londres, The Bristish Museum, 1992.

Rawson, 1996
RAWSON, Jessica (éd.), *Mysteries of Ancient China*, Londres, The Trustees of the British Museum, 1996.

Rawson – Bunker, 1990
RAWSON, Jessica – BUNKER, Emma, *Ancient Chinese and Ordos Bronzes*, Hong Kong, The Oriental Ceramic Society of Hong Kong, 1990.

Salles, 1931
SALLES, Georges, « Les Bronzes de Li-Yu », *Revue des Arts asiatiques*, 1931, t. 8, n° 3, p. 146-158.

Salmony, 1954
SALMONY, Alfred, *Antler and Tongue: An Essay on ancient Chinese Symbolism and its Implications*, Ascona, Artibus Asiae, 1954, (Artibus Asiae Supplementum, 13).

San shi xuanji, 1990
San shi Xuanji: Masterpieces of Wu Changshuo, Qi Baishi and Fu Baoshi, [s.l.], Hongxi Meishuguan, 1990.

Sato – Hasebe, 1976
SATO, Masahiko – HASEBE, Gakuji, *Ceramic Art of the World*, vol II, Tōkyō, Shogakukan, 1976.

Seligman, 1935
SELIGMAN, C G., « Early Pottery from Southern China », *Transactions of the Oriental Ceramic Society*, 1934-1935, p. 26-34.

Sen-oku, 1976
Sen-oku hakko kan Sumitomō Collection, Kyōto, [s.n.], 1976.

Shanxi, 1972
Shanxi sheng Datong shi bowuguan, Shanxi sheng wenwu gongzuo weiyuanhui. « Shanxi Datong Shijiazhai Bei Wei Sima Jinlong mu » (La Tombe de Sima Jinlong, (dynastie des) Wei du Nord, Shijiazhai, commune de Datong, province du Shanxi), *Wenwu*, 1972, n° 3, p. 20-33, p. 64.

Shanxi sheng, 1992
Shanxi sheng bowuguan, Fenyang xian bowuguan, « Shanxi Fenyang Beiguan Sui Mei Yuan mu qingli jianbao » (Rapport préliminaire sur la fouille de la tombe de Mei Yuan [de la dynastie des] Sui à Beiguan [dans le district de] Fenyang au Shanxi), *Wenwu*, 1992, n° 10, p. 23-27.

Sirèn, 1926
SIRÈN, Osvald, *La Sculpture chinoise du ve au xive siècle*, t. III, Paris / Bruxelles, Librairie nationale d'Art et d'Histoire G. Van Oest, 1926.

Sirèn, 1929
SIRÈN, Osvald, *Histoire des Arts anciens de la Chine, II, L'époque des Han et des Six Dynasties*, Paris / Bruxelles, Éditions G. Van Oest, 1929.

Sirèn, 1930
SIRÈN, Osvald, *Histoire des Arts anciens de la Chine, III, La Sculpture de l'époque Han à l'époque Ming*, Bruxelles, G. Van Oest, 1930.

So, 1995
SO, Jenny F., *Eastern Zhou ritual Bronzes from the Arthur M. Sackler Collections*, vol. III, New York, Arthur M. Sackler Foundation / Washington, Arthur M. Sackler Gallery, Smithsonian Institution, 1995.

So, 1997
SO Jenny F., « Red and black on some early Chinese Painted Lacquers », *Orientations*, 1997, vol. 28 n° 9, p. 60-66.

Sullivan, 1996
SULLIVAN, Michael, *Art and Artists of Twentieth Century China*, Berkeley, Los Angeles, University of California Press, 1996.

Sun, 1993
SUN, Ji, « Lun jinnian Nei Menggu chutu Tujue shi jin yin qi » (Les Objets en or et en argent de style Tujue exhumés ces dernières années en Mongolie Intérieure), *Wenwu*, 1993, n° 8, p. 48-58, p. 36.

Teng, 1992
TENG, Rensheng, *Lacquer wares of the Chu Kingdom*, Hong Kong, The Wood Publishing Company, 1992.

Terre de Neige..., 1999
Terre de neige, de glace et d'ombre : quatorze siècles d'histoire de la céramique chinoise à travers les collections du musée Guimet, Taipei, musée national d'Histoire de Taipei, 1999.

Tregear, 1968
TREGEAR, Mary (éd.), *Arts of China, Neolithic Cultures to the T'ang Dynasty*, Tokyo / Palo Alto, Kodansha International, 1968.

Tregear, 1991
TREGEAR, Mary, *L'Art chinois*, Londres, Thames and Hudson, 1991.

Trésors d'Art..., 1982
Trésors d'art de la Chine, (Exposition : Bruxelles, Palais des Beaux-Arts, 1982).

Les Trésors..., 2004
Les Trésors de la Rive Gauche : Galeries d'art et antiquaires, vol. 9 , *Récentes acquisitions 2004*, [s.l.], [s.n.], 2004.

Trubner, 1968
TRUBNER, Henri, *Royal Ontario Museum: The Far Eastern Collection*, Toronto, The Royal Ontario Museum, 1968.

Valenstein, 2003-2004
VALENSTEIN, Suzanne C., « Western Influences on Some 6th Century Northern Chinese Ceramics », *Oriental Art*, 2003-2004, vol. 49, n° 3, p. 2-11.

Wang, 1992
WANG, Hongbin (éd.), *The Coloured Figurines in Yang Ling Mausoleum of Han in China*, Xi'an, China Shaanxi Travel and Tourism Press, 1992.

Wang-Yang, 1997
WANG, Zhihou – YANG, Bo, « Shandong sheng bowuguan xin shou bufen tong jing » (Quelques miroirs récemment entrés au musée de la province du Shandong), *Kaogu*, 1997, n° 5, p. 472-475.

Watson, 1960
WATSON, William, *Archæology in China*, Londres, Max Parrish, 1960.

Watson, 1984
WATSON, William, *La céramique Tang et Liao*, Fribourg, Office du Livre / Paris, Vilo, 1984.

Weber, 1967
WEBER, Charles D., « Chinese Pictorial Bronze Vessels of the Late Chou Period, Part. III », *Artibus Asiae*, 1967, vol. 29, n° 2-3, p. 82-91.

Weber, 1973
WEBER, Georges W. Jr., *The Ornaments of Late Chou Bronzes*, New Brunswick (NJ), Rutgens University Press, 1973.

Wenhua da..., 1972
Wenhua da Geming qijian chutu wenwu (Objets culturels exhumés pendant la Révolution Culturelle), vol. 1, Beijing, Wenwu chubanshe, 1972.

Wenwu, 1959
Shaanxi Sheng Wenwu guanli weiyuanhui, « Chang'an xian Nanliwang cun Tang Wei Dong mu fajue ji » (Rapport sur la fouille de la tombe de Wei Dong [de la dynastie] des Tang à Nanliwang dans le district de Chang'an), *Wenwu*, 1959, n° 8, p. 8-18.

White – Bunker, 1994
WHITE, Julia – BUNKER, Emma, *Adornment for Eternity: Status and Rank in Chinese Ornament*, Denver, Denver Art Museum, 1994.

Whitfield, 1993
WHITFIELD, Roderick (éd.), *The Problem of Meaning in Early Chinese Ritual Bronzes*, Londres, Percival David Foundation of Chinese Art, University of London, 1993, (Colloquies on Art and Archaeology in Asia, 15).

Woods..., 1998
Woods of Immortality Bois d'Immortalité, Paris, Jacques Barrère, 1998.

Wu, 1930
WU, Jinding, « Pingling fanggu » (le *gu* quadrangulaire [portant l'inscription] *pingling*), *Zhongyang Yanjiuyuan Lishi Yuyan Yanjiusuo Jikan* 1930, n° 1, p. 471-486.

Wu, 1990
WU Guanzhong, « Bali shuji » (Paris Notes), *Meishu*, 1990, n° 1, p. 28-29.

Wu Guanzhong zhuanhao, 1990
« Wu Guanzhong zhuanhao », *Mingjia Hanmo*, 1990, n° 6.

Wu Guanzhong encres récentes, 1993
Encres récentes de Wu Guanzhong, Paris, L'Atelier Productions, 1993.

Wu – Wang, 2000
Wu, Yaqin – WANG, Ruiqing, « Nei Menggu Kezuo zhong qi Xiaonurimu Liao mu chutu yiwu » (Les objets exhumés de la tombe Liao de Xiaonurimu dans la bannière centrale de Kezuo en Mongolie Intérieure), *Beifang Wenwu*, 2000, n° 3, p. 32-35.

Wulanchabu meng, 1983
Wulanchabu meng wenwu gongzuo zhan, « Chayou qian qi Haoqianying di liu hao Liao mu qingli jianbao » (Rapport préliminaire sur la fouille de la tombe Liao n° 6 de Haoqianying dans la bannière de droite de Chayou), *Wenwu*, 1983, n° 9, p. 1-8.

Xiao – Wang, 1986
XIAO, Menglun – WANG, Qingqing, « Jiangsu Piaoyang Pingqiao chutu Song dai yin qi Jiao cang » (La cache d'argenterie de l'époque des Song exhumée à Pingqiao [dans le district de] Piaoyang au Jiangsu), *Wenwu*, 1986, n° 5, p. 70-77.

Xu, 2000
XU Gai, *Qi Baishi*, [s.l.], Hebei jiaoyu chubanshe, 2000, (Zhongguo minghuajia quanji).

Xu – Xu, 1991
XU, Xinyin – XU, Shengli, « Ankang diqu chutu de gudai tong jing » (Les miroirs de bronze anciens exhumés dans la région d'Ankang), *Wenwu*, 1991, n° 5, p. 61-65.

Yang, 1999
YANG, Xiaoneng (éd.), *The Golden Age of Chinese Archaeology*, Washington D.C., National Gallery of Art, 1999.

Ypicra, 2001
Yunnan sheng wenwu yanjiusuo, Yuxi shi wenwu gualisuo, Jiangchuan xian wenhua ju, « Yunnan Jiangchuan xian Lijiashan gu mu jin di er fague » (Secondary Excavation in the ancient Lijiashan Cemetery in Jiangchuan County, Yunnan), *Kaogu*, 2001, n° 12, p. 25-40.

Yu, 1997
YU, Weichao, *A journey in to China's Antiquity*, vol. 2, Beijing, Morning Glory Publishers, 1997.

Zeng – Xu – Wang, 1988
ZENG, Fan – XU, Benzhang – WANG, Conhui, *Fujian Taoci*, Shanghai, Renmin Meishu Chubanshe, 1988, (Zhongguo Taoci).

Zhang, 1986
ZHANG, Xueyan, « Jilin Ji'an chutu de gu jing » (Les miroirs anciens exhumés [dans le district de] Ji'an au Jilin), *Wenwu*, 1986, n° 6, p. 93-96.

Zhang, 1987
ZHANG, Y., « Liao Chen guo gongzhu fufu binzang fushi xiaoji » (Le Costume funéraire de la princesse de Chen et de son époux [de la dynastie des] Liao), *Wenwu*, 1987, n° 11, p. 25-28.

Zheng – Chen, 1977
ZHENG, Zhenxiang – CHEN, Zhida, « Anyang Yinxu wu hao mu de fajue » (Fouille de la tombe n° 5 de Yinxu à Anyang), *Kaogu Xuebao*, 1977, n° 2, p. 57-98.

Zhongguo... 1977
Zhongguo qingtongqi quanji bianji weiyuanhui, *Dong Zhou* (Zhou de l'Est), Beijing, Wenwu chubanshe, 1977, (Zhongguo qingtongqi quanji ; 9-3).

Zhu, 1998
ZHU, Tianshu, *Liao dai jin yin qi* (Les Objets en or et en argent da dynastie des Liao), Beijing, Wenwu chubanshe, 1998.

Table des matières

Fidélité et innovation p. 5

Donateurs p. 9

Carte et Chronologie p. 14-15

Catalogue p. 16

Œuvres secondaires p. 159

- Chine p. 159
- Japon p. 161
- Vietnam p.165
- Œuvres et documents historiques p. 166
- Art contemporain p. 166

Bibliographie p. 169

Crédit photographique :

© Atelier photographique de la direction des Archives du Ministère des Affaires étrangères/ photo Christelle Rousseau : p. 148
© Editions Findakly : p. 25
© Hughues Dubois, Brussels-Paris : 1re et 4e de couverture, p. 122, 123, 125, 126, 127
© Musée Cernuschi, Paris : p. 17, 21 (gauche), 33, 34, 100, 101, 109, 149, 154; Hubert Josse : p. 23, 37, 38, 39, 40, 41 (gauche), 42, 43, 46, 59, 61, 62, 63, 64, 68, 69, 74-75, 77, 89, 128 ; Roger Keverne Limited : p. 105, 106-107 ; Routhier : p. 52, 53
© Paris-Musées/Karin Maucotel : p. 146, 157 ; Karin Maucotel et Christophe Walter : p. 110, 131
© Photothèque des musées de la ville de Paris/ Cliché Degrâces : p. 18, 47, 57, 60, 65, 66, 71 (sauf figure de droite), 72, 99, 113, 129 ; Joffre : p. 6, 20, 21 (droite), 26, 35, 36, 49, 51, 58, 67, 70, 71 (figure de droite), 73, 80, 82, 83, 84, 90, 91, 92, 93, 111, 112, 114, 115, 116, 117, 118, 119, 120, 133, 134, 135, 137, 139, 141, 143, 151, 153, 167 ;
Ladet : p. 27, 54, 55, 56, 102, 103,132 ; Ladet/Degrâces : p. 78, 158 ; Ladet/Joffre : p. 95, 96, 97, 168 ; Ladet/Pignol : p. 29, 30, 31, 32, 48 ; Lifermann : p. 41 (milieu et droite), 44, 145 ; Pierrain : p. 86, 87, 108
Zhu Dejun © Adagp, Paris 2005
Droits réservés : Qi Baishi, Lin Fengmian, Wu Guanzhong, Xie Zhiguang.

Couverture : première, cat. 63, masque ; quatrième, cat. 64, masque. © Hughes Dubois, Brussels-Paris

---

Conception graphique, fabrication : Éditions Findakly
Secrétariat de rédaction : Françoise Mahot
Suivi éditorial : Éditions Findakly, Stéphanie Méséguer

Photogravure : EG Photogravure 89100 Maillot
sauf images numérisées de la photothèque des musées de la Ville de Paris (voir crédit photographique)
Impression et brochage : CLERC S.A.S. 18200 Saint-Amand-Montrond

Achevé d'imprimer le 10 novembre 2005 sur les presses de
CLERC S.A.S. 18200 Saint-Amand-Montrond

Diffusion :
Actes Sud
Distribution :
UD-Union Distribution
AS 1473

ISBN 2-87900-887-5 (Paris-Musées)
ISBN 2-86805-124-3 (Éditions Findakly)
Dépôt légal : avril 2005

Éditions des musées de la Ville de Paris
28, rue Notre-Dame-des-Victoires
75002 Paris
et
Éditions Findakly, 2005
Moulin de Suillyzeau
58150 Suilly-la-Tour